Dr. med. Christoph Schidlo

So lindern Sie wirksam Arthrose

Dr. med. Christoph Schidlo

So lindern Sie wirksam Arthrose

- Diagnose
- Alternative Heilverfahren
- Aktivprogramm

Inhalt

Regelmäßige Spaziergänge beugen der Arthrose vor.

Gymnastik hält die Muskeln fit und geschmeidig.

Eine Wohltat für die Gelenke: Wassertreten nach Kneipp.

Zum Geleit

Dieses Buch ist für alle Betroffenen und Interessierten, die sich umfassend mit Arthrose auseinander setzen und durch ein gezieltes Aktivprogramm selbst etwas gegen ihre Beschwerden unternehmen wollen. Es gibt einen Überblick über die Ursachen und Hintergründe von Arthrose. Von Entstehung und Prävention über die Diagnostik bis hin zur alternativen Schmerz- und Heiltherapie findet man hier ausführliche und kompetente Aufklärung auf dem neuesten Stand der Erkenntnisse.

Obwohl die Arthrose weit verbreitet ist, gibt es so gut wie keine Spezialisten auf diesem Gebiet. Die Behandlung obliegt verschiedenen Fachärzten.

Auf Basis seiner langjährigen Erfahrung hat Dr. Christoph Schidlo ein besonders für Laien verständliches und unverändert aktuelles Werk verfasst. Für alle Arthrosepatienten ist es eine echte Hilfe und ein wertvoller Ratgeber, der Alternativen aufzeigt und den man unbedingt lesen sollte.

München, im Mai 2005 *Dr. med. Thomas Lenz*

Vorwort

Gelenkverschleiß (Degeneration) ist eine der häufigsten Erkrankungen des Bewegungsapparates. Bereits bei der Hälfte aller über 35-Jährigen liegen mehr oder weniger starke arthrotische Gelenkveränderungen vor, meist jedoch ohne nennenswerte Beschwerden. Die Arthrose ist eine langsam fortschreitende Krankheit, die häufig erst spät echten Krankheitswert erlangt – dann nämlich, wenn zunehmend Schmerzen und Bewegungseinschränkungen auftreten. Charakteristisch für die Arthrose ist der Abbau des Knorpels. An Gelenken, die dauerhaft überlastet sind, beispielsweise dem Knie- oder dem Hüftgelenk, wird der Knorpel mit der Zeit rau, die spie-

gelglatte Oberfläche wird matt. Als Folge davon können die Gelenkflächen nicht mehr reibungslos aufeinander gleiten, es »knirscht« im Gelenk.
Grundsätzlich kann jedes Gelenk von einer Arthrose betroffen sein, am häufigsten jedoch das Kniegelenk, das Hüftgelenk, die Fingergelenke, das Sprunggelenk, die Großzehengelenke und die Wirbelgelenke der Halswirbel- und Lendenwirbelsäule.
Meist äußert sich eine Arthrose im Anfangsstadium durch Anlauf-, später auch durch Belastungsschmerzen. Gerade nach längerem Liegen oder Sitzen fallen die ersten Schritte schwer.

Ursachen für Arthrose

Statistisch gesehen, leiden übergewichtige Personen häufiger an einer Arthrose als normalgewichtige. Generell ist festzustellen, dass jedes Pfund zu viel den Gelenken zu schaffen macht. Hinzu kommt, dass Übergewicht Bewegung erschwert. Ausreichend Bewegung ist allerdings die optimale Vorbeugung gegen Arthrose.
Eine vollwertige, möglichst fettarme Kost trägt entscheidend dazu bei, Übergewicht – und damit eine Überbelastung der Gelenke – gar nicht erst entstehen zu lassen.
Im Folgenden erhalten Sie Auskunft über weitere Ursachen der Arthrose sowie Ratschläge zu allgemeinen Vorbeugemaßnahmen. Der Schwerpunkt liegt dabei auf leicht nachzumachenden Übungen zur Lockerung von Muskeln und Gelenken sowie zu ihrer Dehnung und Kräftigung.
Sie brauchen dieses Buch nicht von vorn nach hinten zu lesen, sondern Sie können darin herumblättern und sich zum jeweiligen Thema das heraussuchen, was Sie besonders interessiert.

München, im April 1998 *Dr. med. Christoph Schidlo*

Im Anfangsstadium einer Arthrose bestehen kaum Schmerzen, nur ein steifes Gefühl in den Gelenken. Manchmal knirscht oder knarrt das Gelenk in Belastungssituationen.

Was ist Arthrose?

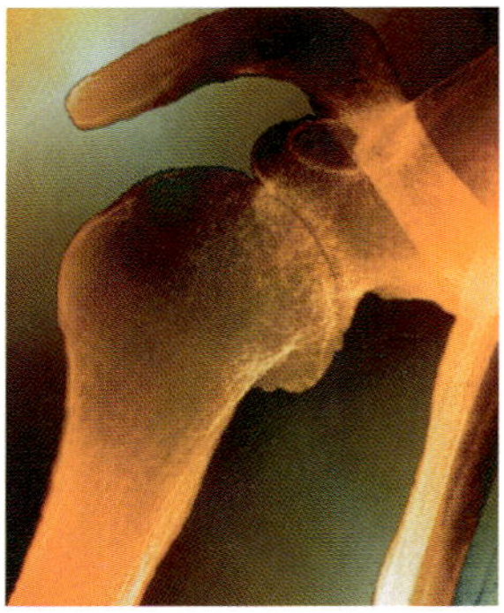

Arthrotisches Schultergelenk

Mit der deutschen Übersetzung Gelenkverschleiß trifft man die Beschreibung dieser Erkrankung recht genau. Eine gewisse Gelenkabnutzung ist allerdings normal, und sie zieht auch nicht automatisch Beschwerden nach sich. Ebenso muss eine normale, altersbedingte Arthrose nicht zu einer schmerzhaften Erkrankung führen. Bereits nach der Pubertät beginnt der Verschleiß der Gelenke der Halswirbelsäule.

Aufbau eines Gelenks

Gesunde Gelenke ermöglichen es uns, Arme, Beine oder die Wirbelsäule zielgerichtet zu bewegen. Grundsätzlich weist jedes Gelenk die gleichen Strukturen auf, lediglich Form und Funktion sind unterschiedlich.

Die reguläre Verbindung von Knochen untereinander erfolgt durch ein Gelenk, nur selten gibt es unbewegliche Fugungen, die etwa im Schambereich vorkommen.

Am Beispiel des Hüftgelenks lässt sich der Aufbau eines Gelenks sehr gut erklären. Das Hüftgelenk ist ein Kugelgelenk, bei dem der runde Kopf in einer Pfanne sitzt. Die Rundung der Pfanne ist dabei exakt an die Form des Kopfes angepasst (Kon-

BESTANDTEILE EINES GELENKS

Das Gelenk besteht nicht nur aus dem mit Knorpel bedeckten Knochen, sondern aus:

- Gelenkflüssigkeit, die den Knorpel ernährt
- Gelenkschleimhaut
- Stützenden Bändern
- Einer Kapsel, die das Gelenk umschließt
- Muskulatur, die das Gelenk führt

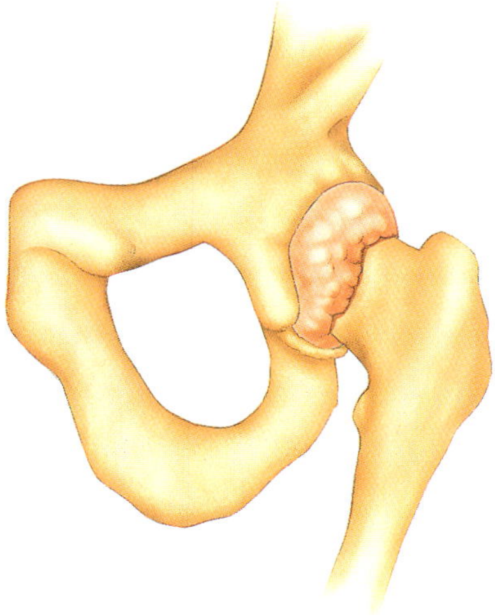

Hüftgelenk mit Gelenkknorpel

gruenz), was Bewegungen in alle Richtungen ermöglicht. Als Gleitschicht sind Kopf und Pfanne mit einer 3 bis 5 Millimeter dicken Knorpelschicht überzogen. Die Gelenkflüssigkeit (Synovia), die »Schmiere« des Gelenks, wird von der Gelenkschleimhaut (Synovialis) gebildet. Die Gelenkschleimhaut liegt an der Innenseite der das Gelenk umschließenden Kapsel an. Die Gelenkflüssigkeit ernährt gleichzeitig den Knorpel, der selbst nur minimal durchblutet ist und dadurch bei Verletzungen schlecht heilt.

Zur zusätzlichen Gelenkführung und Stabilisierung ist jedes Gelenk von einem komplizierten System aus Bändern und Muskeln umgeben.

Ein normales Gelenk bleibt trotz des altersbedingten Verschleißes bis ins hohe Alter funktionstüchtig.

Ursachen der Arthrose

Durch spezifische Überlastungen oder durch Verletzungen wie Meniskus- und Kreuzbandrisse können Arthrosen bereits in frühem Alter auftreten. Auch Fehlstellungen wie Hüftluxation, Fehlentwicklung der Hüfte (angeboren), O- oder X-Beine (erworben), Durchblutungsstörungen des Knochens, schlecht

SO ENTSTEHT ARTHROSE

Allzu einseitige Belastungen führen zu ungünstigen mechanischen Verhältnissen im Gelenk. Das trägt dazu bei, dass sich der Gelenkknorpel verstärkt abschleift, bis im Endstadium der Arthrose in der Regel Knochen auf Knochen reibt, was äußerst schmerzhaft ist.

verheilte Knochenbrüche mit Stufenbildungen im Gelenk oder Übergewicht kommen als Ursachen für eine Arthrose in Frage.

Durch diese Beeinträchtigung wird das Gelenk nicht mehr gleichmäßig belastet, der Gelenkknorpel kann dem Druck nicht standhalten und nützt sich durch die falsche Belastung ab.

Weitere Ursachen für Arthrose können Darminfekte, Bakterien- oder Viruserkrankungen und Fehlfunktionen des Abwehrsystems (Immunsystems) sein.

Gicht kann zu Arthrose führen

Bei einem Gichtanfall kommt es auch zu einer Entzündung des Gelenks, Arthritis genannt. Sie geht mit einer Schwellung und Rötung einher. Wird eine Arthritis nicht medikamentös behandelt, führt sie im Spätstadium zur Arthrose. Am häufigsten betroffen sind Großzehengrundgelenk und das Kniegelenk.

Eine Arthritis ist eine Entzündung mit sekrethaltigen Gelenkergüssen (z. B. Eiter in den Kniegelenken), eine Arthrose ist eine Abnutzungserscheinung.

Wie wirkt die Arthrose auf das Gelenk?

Eine Arthrose betrifft nicht nur den Gelenkknorpel, sondern auch den darunter liegenden Knochen, die Gelenkschleimhaut, die Gelenkkapsel, die Bänder und die umgebende Muskulatur.

Da somit die übrigen Gelenkstrukturen durch die Erkrankung ebenfalls in Mitleidenschaft gezogen werden, verstärkt sich bei einer Schwächung der schützenden und stützenden Muskulatur die Überlastung des Gelenkknorpels. Zudem führen verkürzte, eingesteifte Bänder zu einer Druckerhöhung im erkrankten Gelenk und damit zu verstärkten Schmerzen. Durch eine minderdurchblutete Gelenkkapsel und Schleimhaut kommt es zu einer Verdickung und Einsteifung des Gelenks sowie zu einer verminderten Produktion der wichtigen Gelenkflüssigkeit.

Eine Schwächung des Gelenkknorpels kann durch chronische Entzündungen (z. B. chronische Polyarthritis), Stoffwechselerkrankungen (z. B. Gicht), Knochenerkrankungen (z. B. Osteoporose) oder Durchblutungsstörungen (z. B. Hüpftkopfnekrose) entstehen.

Eine Folge von chronischer Polyarthritis ist die Arthrose, allerdings oft mit ausgeprägten Deformierungen und Fehlstellungen.

Kann man der Arthrose vorbeugen oder sie verzögern?

Im Frühstadium kann man Arthrose verhindern, im Spätstadium wird sie durch folgende Faktoren verzögert:

- Eine geschmeidige und kräftige Muskulatur
- Elastische und stabile Bänder und Kapseln
- Gesunde Schleimhaut zur Ernährung des Knorpels
- Stabile und gut durchblutete Knochen

Dies wird erreicht durch regelmäßiges Dehnungs- und Kräftigungstraining des Muskel-Skelett-Systems.

Abgrenzung zu anderen rheumatischen Erkrankungen

Der Überbegriff für alle Beschwerden des Bewegungsapparates ist Rheuma. Arthrose ist die weitaus häufigste rheumatische Erkrankung. Streng davon zu unterscheiden ist das entzündliche Rheuma, die chronische Polyarthritis.

Die Ursache von Gelenkbeschwerden ist jedoch fast immer eine gewöhnliche Arthrose. Die chronische Polyarthritis (cP) tritt verhältnismäßig selten auf und sie verläuft sehr aggressiv, mit wiederholten Gelenkentzündungen und leider auch einer schnellen Gelenkzerstörung.

Die chronische oder stumme Arthrose macht sich erst in ihrem Endstadium bemerkbar, die aktivierte Arthrose äußert sich heftig und drängt zur Behandlung.

Symptome der akuten und der chronischen Arthrose

Man unterscheidet zwischen einer akuten oder aktivierten und einer chronischen Arthrose.

Sowohl der Beginn als auch der Verlauf der Arthrose ist chronisch, d. h. die Erkrankung verläuft langsam und schleichend, ohne dass es ein auslösendes Ereignis, etwa einen Unfall, gegeben hat. Zwischendurch können Krankheitsschübe mit Schwellung, Rötung und Überwärmung auftreten, die man als akute oder aktivierte Arthrose bezeichnet.

Gewöhnlich beginnt die Arthrose mit den gleichen Beschwerden, wie sie auch nach schwerer körperlicher Arbeit mit Muskelschmerzen und eingeschränkter Beweglichkeit vorkommen. Mit der Zeit werden die Schmerzen stärker und häufiger. Sie lokalisieren sich auf eine bestimmte Körperregion und treten typischerweise bei den ersten Bewegungen nach längerem Sitzen, Liegen oder Stehen auf.

Die Arthrose verschlechtert sich über Jahre hinweg oft unmerklich. Das einzige Zeichen ihres Fortschreitens ist häufig nur eine Einschränkung der Aktivität, die eher als Folge der Schmerzen als des Verlusts der Beweglichkeit eintritt. Die unbewusste Anpassungsfähigkeit des Erkrankten ist erstaunlich groß, da er die Bewegungseinschränkungen durch Ausgleichsbewegungen kompensiert.

GELENKENTZÜNDUNGEN DURCH ZECKENBISS

In manchen Waldgebieten Deutschlands werden von Zecken Bakterien übertragen, die neben einer Hautrötung auch schmerzhafte Gelenkschwellungen und Entzündungen hervorrufen können. Diese Infektion kann ebenfalls zu Nervenschmerzen und Lähmungserscheinungen führen, die man jedoch sehr erfolgreich mit einem Antibiotikum behandeln kann.

TYPISCHE WARNZEICHEN

Im Frühstadium der Arthrose treten oft »Anlaufschmerzen« bei den ersten Bewegungen nach dem Aufstehen am Morgen auf. Diese Beschwerden verschwinden jedoch nach kurzem Durchbewegen wieder.

Unbedingt einen Orthopäden aufsuchen:

- Bei anhaltenden Schmerzen oder Bewegungseinschränkungen
- Bei Gelenkrötung, Schwellung oder Überwärmung

Der Arzt kann anhand der Krankengeschichte (Anamnese), des klinischen Befunds der Untersuchung und des Röntgenbilds die Diagnose einer Arthrose bestätigen oder ganz ausschließen.

Arthrose kann auch durch eine außergewöhnliche Lastauflage entstehen, etwa wenn man sich »verhebt«. Meist kommt es hierbei aber nur zur Verstauchung, wobei die Gelenkbänder vorübergehend gedehnt werden, oder zur Verrenkung (zwei gelenkbildende Knochen verschieben sich).

Vorbeugung und Therapiemaßnahmen

Ein gesundes Gelenk wird durch normale Beanspruchung nicht geschädigt; dazu gehören auch Schwerarbeit und Leistungssport. Eine Belastung schädigt jedoch das Gelenk dann, wenn sie nicht durch körpereigene Muskelkraft zustande kommt oder ohne Training und unvorbereitet auf das Gelenk trifft. Deshalb sollten Sie bei einer chronischen Überlastung des Muskel-Skelett-Apparates bei der Arbeit mit ihrem Hausarzt oder dem Betriebsarzt über Möglichkeiten einer effektiven Entlastung sprechen.

Belastung durch sportliche Aktivitäten

Ein Freizeitsportler sollte rechtzeitig seine Grenzen erkennen oder in einem Sportverein unter Anleitung an einem Aufbautraining teilnehmen. Vor kurzfristigen Höchstbelastungen, die beispielsweise beim Squash auftreten, ist unbedingt ein ent-

WÄRME ODER KÄLTE?

Wärmeanwendungen helfen bei chronischer Arthrose mit über Monate hin langsam zunehmenden Schmerzen. Kälte ist bei der aktivierten Arthrose empfehlenswert. Liegen jedoch Durchblutungsstörungen oder Infektionen vor, darf nicht gekühlt werden.

sprechendes Aufwärmtraining erforderlich. In diesem Buch finden sich dazu zahlreiche Übungen, die auf die einzelnen Gelenke abgestimmt sind.

So kann man Beschwerden lindern

Wenn bei einer aktivierten Arthrose die Körperwärme am Gelenk ansteigt, kann in den meisten Fällen mit Gelsäckchen gekühlt werden.

Wer von Arthrose betroffen ist, darf sich nicht mit seinem Schicksal abfinden, er muss vielmehr lernen, aktiv mit dieser Krankheit zu leben. Auch im fortgeschrittenen Stadium kann man trotz verschiedener Einschränkungen recht gut mit der Arthrose leben.

Das müssen Sie beachten:

- Gelenke wechselnd belasten und wieder entlasten
- Übergewicht abbauen
- Längere körperliche Anstrengungen vermeiden
- Keine Spitzenbelastungen, auch nicht kurzfristig
- Kälte und Nässe meiden
- Übungungsprogramm zur Dehnung und Kräftigung von Muskeln und Bändern regelmäßig durchführen

Tipps für die akute Phase der Arthrose mit Schwellung, Rötung und Überwärmung:

- Das betroffene Gelenk für kurze Zeit entlasten
- Kälteanwendung – Eiswürfel in Plastiksäckchen oder flexibles Kühlelement aus der Apotheke. Bevor Sie das

kühlende Material auflegen, geben Sie ein Handtuch auf die Haut, damit es nicht zu Erfrierungen kommt. Kühlend, schmerzlindernd und abschwellend wirken ebenfalls Alkohol- oder Quarkumschläge (siehe S. 92).

* Ruhigstellung mittels Verband oder Gips. Allerdings nur wenige Tage, da die Gefahr der Einsteifung besteht.

Bei Wärme ohne Hitzestau reguliert sich der Zellstoffwechsel unseres Körpers, was sich auf chronische Arthrose günstig auswirkt.

Wärmeanwendung

Neben der aktiven Erwärmung, die durch die in diesem Buch beschriebenen Übungen erreicht wird, kann Wärme ebenso passiv als Bandage, Wärmflasche, Heizdecke oder wärmende Salben verabreicht werden. Auch die in der Physiotherapie verwendeten Methoden wie Bestrahlung mit Rotlicht und Fangopackungen kann man zu Hause anwenden. Warme Bäder lindern ebenfalls Schmerzen.

BEHANDLUNG BEIDER ARTHROSEFORMEN

	Aktivierte Arthrose	Chronische Arthrose
Dauer der Beschwerden	Wenige Tage	Mehrere Wochen
Art der Beschwerden	Rötung Schwellung Überwärmung	Mäßige Schwellung Belastungsabhängige Schmerzen
Therapie	Schonung Ruhigstellung Entlastung Kühlung Entzündungslindernde Medikamente	Aktivprogramm Bewegung Belastung in Maßen Wärme Medikamente nur bei Bedarf

Aktivprogramm gegen Arthrose

Aktivität ist keine Frage des Alters.

Dieses Kapitel enthält Bewegungsübungen für jedes Gelenk. Sie können sich daraus gezielt ein Übungsprogramm zusammenstellen. Sprechen Sie die Übungen vorher mit Ihrem behandelnden Arzt ab, der Ihnen bei Fragen zur Ausführung sicher gern behilflich ist oder Ihnen einen Krankengymnasten vermittelt.

Ziele der Bewegungstherapie

- Muskelstabilisierung zur optimalen Gelenkführung
- Verbesserung der schmerzfreien Beweglichkeit
- Druckentlastung für das vorgeschädigte Gelenk
- Beseitigung von Einsteifungen
- Verbesserung des Ablaufs der Gelenkfunktionen
- Schulung von Gang und Haltung

Natürlich lebende Völker kennen Arthrose auch in hohem Alter kaum, wodurch sich andeutet, wie wichtig vielseitig ausgebildete Muskeln sind.

Muskelerwärmung und -lockerung

Vor den muskelkräftigenden Übungen sollte immer eine Erwärmung und Lockerung erfolgen. Dadurch wird die Durchblutung der betroffenen Muskulatur gefördert und Schädigungen der Muskel-Sehnen-Ansätze und des eingesteiften Kapselbandapparates werden vermieden.

- Erwärmung ist nur bei chronischen Arthrosebeschwerden sinnvoll. Bei aktivierter Arthrose ist das betroffene Gelenk bereits überwärmt, so dass eine zusätzliche Wärmezufuhr die Schmerzen nur verstärken würde.
- Erwärmung und Lockerung mit Übungen oder durch Wärmflasche, Heizdecke oder ein warmes Bad.

Muskeldehnung

Nach der Erwärmung und Lockerung folgt die Phase der Muskeldehnung. Sie soll die Geschmeidigkeit der steifen Kapselbandstrukturen verbessern. Gleichzeitig können durch verkürzte Muskeln verursachte Bewegungseinschränkungen (Kontrakturen) durch vorsichtiges Dehnen wieder behoben werden.

Skelettmuskeln und Sehnen besitzen einen Dehnungssinn, der auf die entsprechende Zugbeanspruchung antwortet und für viele Bewegungsreflexe verantwortlich zeichnet.

So führen Sie die Übungen aus

- Nehmen Sie bei der Dehnübung eine möglichst bequeme Position ein.
- Tasten Sie sich langsam und ohne nachzufedern unterhalb der Schmerzgrenze an Ihre aktuelle Gelenkbeweglichkeit heran. Die nun erreichte Stellung ist mit leichtem Ziehen in der Muskulatur verbunden (kein Schmerz, nur Dehnreiz).
- Halten Sie die Dehnung ca. 20 Sekunden.
- Das Dehnen können Sie bis zu 3-mal wiederholen.

Dehnungsformen

Bei den Dehnübungen gibt es vier unterschiedliche Dehnungsformen (Stretchingmodelle):

Ballistische Schleudergymnastik Dabei wird ein Dehnen der Muskulatur durch Nachfedern versucht. Beispiel: rhythmisches Federn der ausgestreckten Arme nach seitlich hinten. Doch mit der ballistischen Schleudergymnastik wird der geringste Erfolg erreicht, zudem besteht das Risiko einer Schädigung des Muskel-Sehnen-Apparats.

Aktives Stretching Diese Dehnungsmöglichkeit ist ebenfalls nicht sehr ergiebig. Hierbei wird die Dehnungsposition aktiv durch das alleinige Anspannen und Führen z. B. des ausgestreckten Arms nach oben erreicht.

Passives Stretching Diese Praktik ist weitaus effizienter als die beiden ersten. Dabei assistiert Ihnen ein Partner oder Sie stützen sich beispielsweise an einer Wand ab, um die extreme Gelenkposition zu halten.

Anspannungs-Entspannungs-Dehnungs-Methode Diese Form (auch PNF, propriozeptive neuromuskuläre Faszillation) ist die wirkungsvollste Methode der Dehnung. Sie ist allerdings auch am schwersten zu erlernen. Hier eine kurze Anleitung:
Über das passive Stretching wird zunächst die Endstellung des Gelenks erreicht.
Die zu dehnende Muskelgruppe wird über 8 Sekunden mit ca. 30 Prozent der Maximalkraft angespannt, ohne dass Gelenkbewegungen entstehen. Danach atmet man tief aus, entspannt die zu dehnende Muskelgruppe wieder und hält den Dehnreiz 20 Sekunden.
Durch die vorangegangene Muskelanspannung können die besten Ergebnisse beim Dehnen erzielt werden.

Durch unwillkürliche Reizbeantwortung wird die angestrebte Muskellänge von der Muskulatur im möglichen Rahmen verwirklicht.

Übungsbeispiel für PNF

Wenn Sie beispielsweise bei einer Beugekontraktur des Kniegelenks durch verkürzte Beugemuskeln und eine verklebte hintere Kniegelenkkapsel die Streckung verbessern wollen, machen Sie folgende Übung:
Setzen Sie sich auf den Boden und strecken Sie das Kniegelenk so weit wie möglich durch. Nun spannen Sie Ihre Beugemuskeln gegen den Widerstand des Bodens 8 Sekunden an, ohne dabei das Kniegelenk abzubiegen. Anschließend lassen Sie die Beugemuskeln wieder erschlaffen und dehnen sie für 20 Sekunden.
Probieren Sie einfach aus, welche der hier genannten Methoden Ihnen am besten liegt.

DEN TIEREN ABGESCHAUT

Das Dehnen des Körpers folgt einem natürlichen Instinkt, was sich sehr gut bei vielen Tieren beobachten lässt. Sie dehnen ihren Körper nach einer längeren Belastung oder nach dem Schlafen ausgiebig; dadurch beugen sie automatisch Muskelverkürzungen vor. Hunde und Katzen strecken sich mit gerade noch vorn aufgesetzten Vorderbeinen der Länge nach aus, wobei sie immer wieder nachfassen, und dehnen so Vorderbeine und Wirbelsäule.

Welche Dehnmethode wende ich an?

Für den Anfänger ist das passive Stretching empfehlenswert. Für Fortgeschrittene empfiehlt sich hingegen die PNF-Methode, nach der bei allen nachfolgend beschriebenen Dehnübungen vorgegangen werden kann.
Vorrangig sollte man verkürzte Muskelgruppen, die die Gelenkbeweglichkeit am meisten einschränken, dehnen. Dabei dehnt man idealerweise in alle Richtungen und ebenfalls die benachbarten Gelenke.

Muskelkräftigung

Die krankengymnastischen Übungen zur Muskelkräftigung können folgendermaßen erfolgen:

- Entweder dynamisch (isotonisch) unter Muskelverkürzung wie beim Liegestütz
- Oder statisch (isometrisch) ohne Muskelverkürzung – wie die Anspannungsübungen ohne Bewegung des Gelenks

Neben dem Ziel der Muskelkräftigung sollen Sie hierbei zunächst einmal ein Gefühl für das Anspannen und Entspannen der Muskulatur erhalten. Dies ist ganz besonders bei der Haltungsschulung für die Wirbelsäule wichtig, um beispiels-

Beim ausgiebigen Räkeln früh im Bett oder nach angespanntem Sitzen werden oft noch instinktiv die richtigen Dehnübungen ausgeführt.

weise die unterschiedlichen Stellungen des Beckens zu erlernen. Ebenso wichtig ist die Positionsbestimmung des arthrotischen Gelenks, da schon geringe Gelenkverschiebungen zu einer Fehlbelastung der schützenden Knorpelschicht führen.

Elastische Bänder, wie das Deuserband, haben den Nachteil, dass sie schnell verschleißen.

So führen Sie die Übungen aus

- Ruckartige Bewegungen vermeiden
- Langsam und gezielt üben
- Immer eine geringe Restspannung, z. B. in der Bauchmuskulatur, bewahren, bevor Sie die nächste Übung machen
- Die dynamischen Bewegungsübungen 8-mal wiederholen
- Bei isometrischen Übungen die Muskelspannung 8 Sekunden halten
- Wiederholen Sie die einzelnen Übungsblöcke bis zu 3-mal
- Zum Abschluss die Muskulatur noch einmal ausgiebig einige Sekunden dehnen
- Übungsprogramm mindestens 3-mal in der Woche ohne Zeitdruck durchführen

Die Übungen sollten anstrengend sein, dürfen aber nicht zur Auslösung von Beschwerden führen, die über den normalen

MIT GEWICHTEN TRAINIEREN

Den Schwierigkeitsgrad der dynamischen Übungen kann man durch Kurzhanteln (ein bis fünf Kilogramm Gewicht) erhöhen. Hierzu sind kugelförmige Hanteln gut geeignet, die Sie auch an die Füße hängen können. Alternativ sind Bleimanschetten für Hand- oder Fußgelenk zu verwenden. Ebenso unterstützend wirken elastische Bänder, die in die Gegenrichtung der dynamischen Bewegung ziehen. (Hanteln und Gymnastikbänder sind in allen Sportgeschäften erhältlich.)

Wenn es schmerzt, sollte man sofort aufhören.

Muskelkater hinausgehen. Treten Schmerzen auf, brechen Sie die Übung ab oder achten Sie auf eine korrektere Ausführung. Bleiben die Schmerzen, streichen Sie die Übung vorsichtshalber aus dem Programm.

Dehn- und Kräftigungsübungen bei Arthrose

Schultergelenke

Das Schultergelenk ist seltener von einer Arthrose betroffen als die anderen Gelenke. Ursache sind meistens frühere Unfälle mit Knochenbrüchen und Auskugelungen oder Durchblutungsstörungen des Knochens.

Arthrosen im Schultergelenk resultieren meist aus Verletzungen oder Unfällen.

Häufiger als Arthrose sind dagegen Abnutzungen der Muskeln, die das Schultergelenk stabilisieren. Dadurch kann es zu Schleimbeutelentzündungen (schmerzhaften Schwellungen der schleimgefüllten Taschen) oder zu Kalkeinlagerungen kommen. Auch die Muskelmanschette kann durch altersbedingte Ausdünnung einreißen.

Symptome

Eine Arthrose des Schultergelenks beginnt häufig mit bewegungsabhängigen Beschwerden nach längerer Belastung. Oftmals kommen auch Reibegeräusche mit kurz anhaltenden morgendlichen Schmerzen vor. Zunächst bessern sie sich jedoch rasch, wenn man die Schultern kurz durchbewegt. Zu Schmerzen kommt es dann erst wieder in Ruhestellung oder nachts, besonders beim Liegen auf der betroffenen Seite. In diesem Stadium ist auch die Beweglichkeit eingeschränkt und es kann zu einer akuten Entzündung mit Schwellung, Rötung oder Überwärmung kommen.

Vorbeugende Maßnahmen

Bei Arbeiten im Haushalt kann sogar das einfache Verlängern eines Besenstiels dabei helfen, den Schultergürtel zu stabilisieren.

Das Schultergelenk sollte in möglichst regelmäßigen Abständen abwechselnd sowohl belastet als auch wieder entlastet werden. Wer beispielsweise häufig anstrengende Arbeiten mit den Armen oberhalb der Kopfhöhe ausführt, setzt sich zwangsläufig einem erhöhten Risiko aus. Um das zu verringern, kann man den Arbeitsplatz oder Haushalt umgestalten und vielleicht Schränke oder Regale tiefer hängen. Ist das nicht möglich, hilft eine fest stehende Leiter oder etwa eine Verlängerung des Besenstiels.

Richtig Heben

Auch durch richtiges Heben kann man Beschwerden vorbeugen. Muss man schwere Gegenstände anheben, niemals zuerst die Schulter nach oben ziehen und dann erst die Armmuskulatur einsetzen. Bei dieser Bewegungsabfolge besteht nämlich die Gefahr von Verkrampfungen. Stattdessen sollte jede Kraftanstrengung von unten und möglichst mit hängenden Schultern erfolgen – wie man das bei einem Gewichtheber beobachten kann. Besonders wichtig ist die richtige Technik bei schweren Gegenständen (z. B. Bierkisten).

Viele Montagearbeiten belasten das Schultergelenk.

Übungen

Stufe 1: Muskelerwärmung und -lockerung

Als einfachste Übung empfiehlt sich das Kreisen des Schultergelenks mit hängendem Arm. Heben und senken Sie die Schulterpartie 8-mal. Wiederholen Sie diesen Zyklus 3-mal mit je 10 Sekunden Pause dazwischen. Fortgeschrittene können mit ausgestrecktem Arm große Kreise beschreiben. Ebenfalls 3-mal 8 Übungen mit je 10 Sekunden Zwischenpause.

Wenn Sie den Arm nicht mehr allein anheben können oder die Bewegung zu schmerzhaft ist, pendeln Sie den hängenden Arm nach vorne und hinten. Außerdem können Sie mit dem gesunden Arm den kranken am Handgelenk fassen und beide Arme über den Kopf führen. Eine weitere Möglichkeit besteht darin, mit der Hand am Türrahmen langsam hinaufzuwandern.

Die Schulter besitzt ein Kugelgelenk, das nach oben, unten, hinten und vorn gut beweglich sein sollte.

Stufe 2: Dehnung

1. Nach außen drehende Muskulatur

Fassen Sie den Oberarm der betroffenen Seite von unten außen mit der Hand des gesunden Arms. Schieben Sie den Oberarm unter das Kinn und drücken Sie ihn 20 Sekunden kräftig auf die Brust. Sie spüren einen Dehnreiz im hinteren Anteil der Muskeln und in der Gelenkkapsel des Schultergelenks.

Beschwerden in der Schulter strahlen oft in die Halswirbelsäule, die Arme und Hände aus, weshalb diese Übungen auch hierfür günstig sind.

2. Nach innen drehende Muskulatur

Strecken Sie den Arm ganz aus und heben Sie ihn langsam seitlich bis zur Waagerechten an.
Stellen Sie sich nun in oder vor einen Türrahmen und halten ihn mit der ausgestreckten Hand fest. Drücken Sie dann den Oberkörper 20 Sekunden nach vorne.
Dabei entsteht ein Dehnreiz im Bereich der vorderen Kapsel und in den Muskeln des Schultergelenks sowie in der Brustmuskulatur.

3. Abspreizende Muskulatur

Halten Sie den Arm der betroffenen Seite auf den Rücken. Mit der Hand der Gegenseite greifen Sie das Handgelenk des auf dem Rücken liegenden Arms und ziehen ihn 20 Sekunden in Richtung Gegenseite.

4. Anspreizende Muskulatur

Strecken Sie den Arm senkrecht nach oben und beugen Sie ihn dann im Ellbogen. Hierdurch fällt Ihr Unterarm hinter den Kopf. Dann fassen Sie mit der gegenseitigen Hand an die Außenseite des erhobenen Ellbogens und drücken diesen 20 Sekunden in Richtung der gegenseitigen Schulter hinter Ihrem Nacken entlang.

5. Nach vorne anhebende Muskulatur

Setzen Sie sich auf den Boden und stützen Sie sich mit den Händen hinter dem Oberkörper ab; die Finger zeigen nach hinten. Schieben Sie das Gesäß langsam nach vorne und zählen Sie dabei langsam bis 20.

6. Nach hinten anhebende Muskulatur
Beugen Sie den hängenden Arm im Ellbogen. Ziehen Sie dann den Oberarm senkrecht nach oben. Die nach vorne zeigende Rückseite des angehobenen Oberarms drücken Sie nun durch Vorbeugen des Oberkörpers 20 Sekunden möglichst fest gegen einen Türrahmen.
Sie spüren die Dehnung an der Rückseite von Schultergelenk und Oberarm.

Stufe 3: Kräftigung
1. Nach außen drehende Muskulatur
Einfache Übung bei starken Schmerzen:
Sie liegen auf dem Rücken auf dem Boden, die Beine sind leicht angewinkelt.
Nun legen Sie die Hände auf den Bauch und beugen dabei das Ellbogengelenk rechtwinklig, die Oberarme bleiben seitlich neben dem Körper liegen.
Ballen Sie die Hände zunächst zur Faust, strecken Sie dann die Finger und führen beide Hände nach außen, mit den Handrücken nach unten, in Richtung Boden. Die Ellbogen bleiben dabei rechtwinklig gebeugt.
Gehen Sie zurück in die Ausgangsstellung, schließen Sie die Hände wieder zur Faust und wiederholen Sie diese fließende Bewegung 8-mal.

Alternative I: Bei geringen Beschwerden
Beugen Sie den hängenden Arm im Ellbogengelenk rechtwinklig. Dann den Oberarm 8-mal nach außen drehen, indem Sie die Hände bei anliegendem Oberarm zur Seite wegdrücken. Diese Übung mit beiden Armen gleichzeitig durchführen. Der Trainingseffekt kann durch ein elastisches Band zwischen den Händen verstärkt werden. Achten Sie darauf, dass Sie sich nicht überlasten.

Wenn kein elastisches Band zur Hand ist, genügt auch manchmal die Vorstellung, ein solches zu halten oder zu führen, um den gewünschten Effekt zu verbessern.

Alternative II
Verschränken Sie die Arme hinter dem Kopf bzw. Nacken. Dehnen Sie 8-mal die Ellbogen seitlich möglichst weit nach hinten.

2. Nach innen drehende Muskulatur
Stehen Sie mit dem Rücken an einer Wand. Führen Sie den Arm wie zum Binden einer Schürze hinter den Rücken und drücken die zur Wand zeigende Innenfläche der Hand gegen die Wand. Halten Sie die Spannung 8 Sekunden.
Sie können Ihre Arme auch in eine U-Haltung bringen, indem Sie Ihre Oberarme bis zur Waagerechten zur Seite anheben. Beugen Sie nun die Arme im Ellbogengelenk rechtwinklig ab, die Handflächen zeigen nach vorne.
Klappen Sie dann die Unterarme 8-mal nach vorne, die Fingerspitzen zeigen Richtung Boden, die Oberarme bleiben angehoben. Diese Bewegungsabläufe sind bei einer Arthrose des Schultergelenks häufig eingeschränkt und sollten daher intensiv trainiert werden.

Alle Übungen sind Teil einer schonenden Gymnastik, die auf Beweglichkeit und Leistungsfähigkeit zielt.

3. Abspreizende Muskulatur
Heben Sie einen oder beide Arme gestreckt seitlich bis zur Waagerechten an, der Daumen zeigt nach unten. Diese Übung sollten Sie 8-mal wiederholen. Dabei können Sie zur Verstärkung des Effekts leichte Hantelgewichte anheben.
Alternativ stellen Sie sich in einen Türrahmen und versuchen 8 Sekunden mit den Händen auf beiden Seiten gegen den Rahmen zu drücken.

4. Anspreizende Muskulatur
Führen Sie die Handflächen vor der Brust zusammen, die Oberarme liegen am Körper an. Dann drücken Sie sie kräftig zusammen und halten die Spannung 8 Sekunden. Zur Erhöhung des Trainingseffekts einen Softball zusammendrücken.

Alternative
Machen Sie 8 Liegestützen aus dem Stand gegen eine Wand. Dazu stellen Sie sich mit gestreckten Armen vor der Wand auf. Stützen Sie sich mit den Handflächen ab und beugen Sie sich mit geraden Beinen unter Anwinkeln der Ellbogen nach vorne gegen die Wand. Dabei berührt die Nasenspitze die Wand.

5. Nach vorne anhebende Muskulatur
Bei Schmerzen: Heben Sie die gerade nach vorne gestreckten Arme mit gefalteten Händen 8-mal nach oben an. Im Idealfall bis über den Kopf in die Senkrechte. Hierbei kann der gesunde Arm den schmerzhaften gut unterstützen.

Für Fortgeschrittene
Heben Sie den seitlich neben dem Körper hängenden Arm gestreckt 8-mal nach vorne bis zur Waagrechten an. Den Kräftigungseffekt kann ein Hantelgewicht oder ein elastisches Band zwischen Fuß und Hand verstärken.

An sich ist der Mensch ein Steppenwesen, das völlig artuntypische Tätigkeiten ausführt, so dass der Ersatz nochmals durch Ersatz ausgeglichen werden muss.

6. Nach hinten anhebende Muskulatur
Strecken Sie einen oder beide Arme nach hinten und halten diese Position für 8 Sekunden mit Muskelanspannung. Wenn Sie im Anfangsstadium die Hände hinter dem Rücken zusammenfalten, kann der gesunde Arm den schmerzhaften unterstützen.

Schultereck- und Brustbein-Schlüsselbein-Gelenke

Eine Arthrose des Brustbein-Schlüsselbein-Gelenks ist äußerst selten. Beim Schultereckgelenk, es befindet sich zwischen Schlüsselbein und Schulterdach, kann sie nach Überbelastungen, wie häufigem Arbeiten über dem Kopf, nach einer Prellung des Schultergürtels oder nach Gelenkentzündungen auftreten.

Frauen sind häufiger von Arthrose betroffen als Männer, und es scheint, als ob ihnen die heutigen Lebensformen noch weniger entsprechen.

Es gelten hier die gleichen Vorbeugemaßnahmen wie bei der Schultergelenkarthrose.

Symptome

Die Erkrankung äußert sich durch lokal auftretende Schmerzen, die durch Fingerdruck auf das Gelenk verstärkt werden. Schmerzhaft ist auch Anheben und Drehen des angehobenen Armes. Zudem bildet sich über dem Gelenk oft eine erhebliche Kapselschwellung. Da aber eine Operation meist unschöne Narben und Schwellungen hinterlässt, sollte sie nur dann erfolgen, wenn die Schmerzen nicht mehr erträglich sind.
Die Arthrose des Schultereckgelenks wird häufig zu spät erkannt, da sie mit den Abnutzungserscheinungen des Schultergelenks verwechselt wird oder gleichzeitig auftritt.

Übungen

Diese beiden Gelenke lassen nur verhältnismäßig geringe Bewegungen zu und man kann sie mit einem Bewegungsprogramm nur eingeschränkt beeinflussen. Da die Muskulatur

Leistungssportler sind für Verletzungen im Schulterbereich besonders anfällig.

des vorderen Schultergürtels und die Brustmuskeln in der Regel verkürzt sind (nach vorne hängende Schultern), verstärkt sich der Druck auf das Brustbein-Schlüsselbein-Gelenk und das Schultereckgelenk. Im Vordergrund stehen daher neben den Dehnübungen für den vorderen Schultergürtel die Kräftigungsübungen für die meist abgeschwächte rückwärtige Schulterblattmuskulatur.
Parallel sollten die Aktivprogramme für die Halswirbelsäule und das Schultergelenk unterstützend durchgeführt werden, denn diese Körperteile stehen in engem Bezug zum Schultereckgelenk und Brustbein-Schlüsselbein-Gelenk.

Bei Gelenken, die ohnehin kaum bewegt werden, ist eine allgemeine Kräftigungsgymnastik die beste Vorsorge.

Stufe 1: Muskelerwärmung und -lockerung

Die einfachste Übung ist das 8-malige Kreisen des Schultergürtels durch Heben und Senken der Schulterpartie. Das Pendeln des hängenden Arms nach vorne und hinten lockert ebenfalls den Schultergürtel.

Stufe 2: Dehnung

1. Anspreizende und nach innen drehende Muskulatur

Heben Sie den Arm zur Seite an. Beugen Sie ihn im Ellbogen, bis ein rechter Winkel zwischen Ober- und Unterarm entsteht. Stellen Sie sich in einen Türrahmen und drücken Sie Unterarm und Hand 20 Sekunden gegen den Rahmen, so dass im Brustmuskel und vorderen Schultergürtelbereich ein ziehender Dehnreiz entsteht.

2. Anhebende Muskulatur

Führen Sie den Arm der betroffenen Seite wie zum Binden einer Schürze hinter den Rücken. Nun fassen Sie mit der Hand der Gegenseite die hinter dem Rücken befindliche Hand und ziehen sie 20 Sekunden zur Gegenseite. Die Dehnung entsteht im Bereich der vorderen Schulterkappe und der vorderen

Schulter-Nacken-Muskulatur. Unterstützend und zur besseren Dehnung der vorderen Nackenmuskulatur können Sie den Kopf zur Gegenseite neigen.

Stufe 3: Keine Kräftigung der Muskulatur des vorderen Schultergürtels mit dem Brustbein-Schlüsselbein- und Schultereckgelenk

Die seltenen Arthroseformen an der Vorderseite des Schultergürtels leiten oft zum Weichteilrheumatismus über.

Die Muskulatur an der Vorderseite des Schultergürtels soll nicht gekräftigt werden, da dies zu einer erhöhten Belastung für arthrotische Brustbein-Schlüsselbein- und Schultereckgelenke führen würde. Außerdem ist sie fast immer deutlich verkürzt und kräftiger als die Muskulatur auf der Rückseite des Schultergürtels. Dieses Ungleichgewicht führt zu einem verstärkten Verschleiß.
Sie dehnen die verkürzten Muskeln an der Vorderseite mit den Schultergürtelübungen 1 und 2 und kräftigen damit ganz gezielt die Muskulatur, die an der Rückseite des Schultergürtels ansetzt.

1. Rückwärtige Muskulatur
Stehen oder sitzen Sie aufrecht. Ziehen Sie beide Schultern 8-mal nach hinten, so dass sich die Schulterblätter beinahe berühren. Einen erhöhten Effekt erzielt man, wenn man an einer Türklinke etwa in Brusthöhe ein elastisches Band befestigt (für beide Schultern zwei Bänder).
Ziehen Sie gegen den Widerstand der Bänder die Schultern 8-mal nach hinten, indem Sie die Arme beugen. Das kräftigt zusätzlich die Oberarmmuskulatur.

Alternative
Legen Sie sich ausgestreckt auf den Boden, die Beine sind dabei leicht angewinkelt. Spreizen Sie Ihre Arme zur Seite und beugen die Ellbogengelenke an, so dass Ihre Unterarme zur

Decke zeigen. Nun drücken Sie die Ellbogen 8 Sekunden an den Boden und halten die Spannung.

2. Anhebende Muskulatur
Sie stehen aufrecht, die Arme hängen seitlich neben dem Körper. Heben Sie dann die Schultern 8-mal an. Zur Verstärkung können Sie in beide Hände ein Hantelgewicht nehmen, die Arme bleiben jedoch hängen.

Ellbogengelenke

Die Erkrankung dieses Gelenks entsteht selten ohne äußere Einflüsse. Meist ist sie eine Folge älterer Verletzungen wie Kapselband-Zerreißungen bei schweren Prellungen oder in Fehlstellung verheilter Knochenbrüche. Schwere und einseitig belastende körperliche Arbeit, etwa Tätigkeit an vibrierenden Maschinen, können die Entstehung einer Arthrose fördern.
Neben den allgemeinen Maßnahmen ist die beste Vorbeugung ein häufiger Wechsel zwischen Be- und Entlastung des Ellbogengelenks. Bei Tätigkeiten in kühler Umgebung sollten wärmende Ellbogenschoner getragen werden.

Symptome

Die – meist schmerzlose – Einschränkung von Streck- und Beugefunktion im Ellbogengelenk lässt auf eine beginnende Arthrose schließen. Auch die Drehung des Unterarms bei rechtwinklig gebeugtem Ellbogen kann Schwierigkeiten bereiten. Diese Einschränkungen werden anfänglich von den Betroffenen oft gar nicht bemerkt und erst Schmerzen, die bei Belastung auftreten, führen zum Arzt.
Zusätzlich bestehen Beschwerden, wie sie beim Tennis- oder Golferellbogen typisch sind. Diese Sehnenreizung kann nach Abklingen der akuten Entzündung durch die Übungen, besonders die Dehnungen, wirksam behandelt werden.

Eine Arthrose des Gelenks am Ellbogen erkennt man häufig an der Deformierung des hakenähnlichen Knochenfortsatzes bei Beugung.

Die Dehnübungen können problemlos während der Arbeit ausgeführt werden.

Übungen

Stufe 1: Muskelerwärmung und -lockerung

Stehen oder sitzen Sie bequem. Der betroffene Arm hängt seitlich neben dem Körper. Drehen Sie nun mit leicht schüttelnden Bewegungen den Unterarm 8-mal im Wechsel nach innen und außen. Anschließend beugen und strecken Sie das Ellbogengelenk 8-mal. Diese Übung 3-mal wiederholen.

Stufe 2: Dehnung

1. Beugende Oberarmmuskulatur

Stellen Sie sich mit dem Rücken im Abstand einer Armlänge zur Wand. Führen Sie den betreffenden Arm gestreckt nach hinten und stützen Sie sich mit der Handfläche an der Wand ab. Die Finger zeigen dabei nach oben. Gehen Sie langsam 20 Sekunden in eine angedeutete Kniebeuge, wodurch der Dehnreiz in der beugeseitigen Oberarmmuskulatur gesteuert werden kann. Gleichzeitig wird die vordere Schultergelenkkapsel und die beugeseitige Unterarmmuskulatur gedehnt.

Der Tennisarm ist eine sehr schmerzhafte Ellbogenerkrankung, die keineswegs nur Tennisspieler trifft. Viele Betroffene schwören auf Propolissalbe.

Alternative

Setzen Sie sich mit leicht angezogenen Beinen auf den Boden. Stützen Sie sich mit den Fäusten (oder Händen) hinter dem Rücken ab, die Arme bleiben gestreckt. Rutschen Sie dann mit dem Gesäß langsam nach vorne und steuern Sie damit die Dehnung im beugenden Oberarm und der Unterarmmuskulatur. Zählen Sie dabei bis 20.

Diese einfachen Übungen können Sie praktisch überall ausführen. Nehmen Sie sich aber stets ausreichend Zeit dafür.

2. Streckende Oberarmmuskulatur

Stellen Sie sich vor einen Türrahmen und beugen Sie Ihr Ellbogengelenk so weit es geht, heben Sie den Oberarm senkrecht und drücken Sie ihn 20 Sekunden gegen den Türrahmen.

Alternative

Rollen Sie ein kleines Handtuch der Länge nach zusammen und fassen Sie es mit beiden Händen an den Enden. Führen Sie nun das Handtuch hinter den Nacken oder Rücken und beugen Sie dabei auf der zu dehnenden Seite Ihren Ellbogen so weit wie möglich ab. Dann ziehen Sie mit der anderen Hand an dem Handtuch in Richtung der Gegenseite entweder in Nackenhöhe oder nach schräg unten hinter dem Rücken, so dass für 20 Sekunden ein Dehnreiz im Oberarm entsteht.

3. Beugende Unterarmmuskulatur

Sie sitzen auf einer Bank oder knien am Boden. Stützen Sie den gestreckten Arm neben dem Körper mit der Handfläche auf der Unterlage ab, die Finger zeigen nach hinten. Durch langsames Zurückneigen des Oberkörpers – zählen Sie dabei bis 20 – dehnen Sie die Muskeln.

4. Streckende Unterarmmuskulatur

Sie stehen aufrecht und strecken den Arm gerade nach vorne aus. Oder Sie setzen sich und legen den Arm auf das übergeschlagene Bein. Knicken Sie nun das Handgelenk nach unten ab, die Fingerspitzen zeigen nach unten. Drücken Sie 20 Sekunden lang mit der anderen Hand gegen den Handrücken der gebeugten Hand. Dabei sollten Sie ständig den ganzen Arm nach vorne ausstrecken.

5. Nach innen und außen drehende Unterarmmuskulatur
Die den Unterarm nach innen und außen drehenden Muskeln werden in den ersten Dehnübungen automatisch mitgedehnt. Zusätzlich können Sie bei rechtwinklig gebeugtem Ellbogengelenk den Unterarm nach außen oder innen drehen und die erreichte Stellung 20 Sekunden mit der anderen Hand festhalten oder sogar leicht verstärken.

Stufe 3: Kräftigung

1. Beugende Oberarmmuskulatur

Eine kräftige Oberarmmuskulatur wirkt der Ellbogengelenkarthrose entgegen.

Setzen Sie sich so auf einen Stuhl, dass Sie den Arm frei strecken können. Beugen Sie – am besten mit einer Hantel – den nach unten hängenden Arm im Ellbogengelenk 8-mal. Sie können auch gegen den Widerstand eines Bandes beugen, das unter dem Kniegelenk fixiert ist.

2. Streckende Oberarmmuskulatur
Diese Übung erfordert eine gewisse Beweglichkeit und eine relativ kräftige Muskulatur. Am effektivsten ist sie, wenn sie in der Hocke ausgeführt wird.
Stützen Sie den Rücken gegen eine niedrige Bank oder einen Stuhl. Stützen Sie sich dann hinter dem Rücken mit den Händen auf der Bank ab und drücken Sie sich 8-mal nach oben.

Alternative I
Strecken Sie den Arm senkrecht hoch, der Daumen zeigt nach hinten. Beugen und strecken Sie dann – am besten mit einer

Hantel – den Arm 8-mal nach hinten unten und gerade nach oben bis zur Decke.

Alternative II
8-mal klassischer Liegestütz; also beugen der Oberarme, Körper gestreckt auf Hände, Füße gestützt.

3. Beugende Unterarmmuskulatur
Sie sitzen und legen den Unterarm auf den Oberschenkel, die Handfläche zeigt nach oben. Nun beugen Sie – am besten mit einer Hantel – 8-mal nur das Handgelenk nach oben ab. Lassen Sie die Beugemuskulatur beim Strecken in Restspannung bzw. strecken Sie nicht ganz im Handgelenk.

4. Streckende Unterarmmuskulatur
Strecken Sie den Arm nach vorne oder legen Sie ihn auf das übergeschlagene Bein. Beugen Sie das Handgelenk nach unten und fassen Sie mit der anderen Hand von oben auf den gebeugten Handrücken. Drücken Sie nun 8 Sekunden mit der gebeugten Hand gegen die andere Hand, als ob Sie die Hand gegen den Widerstand der darauf liegenden strecken wollten.

Alternative
Zur Kräftigung der streckenden und beugenden Unterarmmuskulatur können Sie eine Schnur mit einem Gewicht auf einem runden Stab 8-mal auf- und wieder abrollen.

5. Den Unterarm nach innen und außen drehende Muskulatur
Beugen Sie den Unterarm im Ellbogengelenk rechtwinklig an, der Daumen zeigt nach oben. Sie halten mit der anderen Hand die zu drehende Hand fest und versuchen eine Unterarmdrehbewegung nach außen oder innen. Die Gegenhand verhindert die Drehung und Sie halten diese Spannung 8 Sekunden.

Ein klassischer Liegestütz lässt sich variieren. Die Hände stützen dann nicht in Schlüsselbeinhöhe ab, sondern weiter unten auf Höhe des Brustbeins. Die Kräftigung wirkt nun mehr auf die Brustmuskulatur.

Handgelenke und Daumensattelgelenke

Das äußerst kompliziert aufgebaute Handgelenk wird von den Handwurzelknochen sowie von Speiche und Elle und den Mittelhandknochen gebildet. Eine Arthrose tritt hier weniger häufig auf, meistens sind Daumensattelgelenk, Speichen-Mondbein- oder Speichen-Kahnbein-Gelenk betroffen.

Wiederholte Entzündungen bei chronischer Polyarthritis fördern das Entstehen einer Arthrose.

Ursachen sind beispielsweise eine Fehlstellung der Knochen durch einen alten Knochenbruch, eine angeborene Verkürzung der Speiche oder lang anhaltende Belastungen durch Vibrationen, die zu Durchblutungsstörungen führen.
Brüche der Handwurzelknochen heilen meistens schlecht aus und begünstigen den vorzeitigen Gelenkverschleiß, ebenso wie wiederholte Entzündungen bei chronischer Polyarthritis.

Symptome

Die Arthrose macht sich in vielen Fällen zunächst durch eine leichte, schmerzhafte Bewegungseinschränkung bemerkbar. Diese tritt auch beim Aufstützen der Hand auf. Deren Funktion ist in der Regel nicht beeinträchtigt und die Arthrose des Handgelenks wird oft lange toleriert. Nur die Daumensattelgelenkarthrose führt früh zu einer Funktionsbeeinträchtigung, denn jede Daumenbewegung und -belastung ist schmerzhaft. Besteht zusätzlich eine Sehnenscheidenentzündung oder Einengung des Nervs am beugeseitigen Handgelenk können besonders im frühen Stadium mit Dehnübungen deutliche Besserungen der Beschwerden erzielt werden.

Vorbeugende Maßnahmen

Es sollten unbedingt einseitige Belastungen dieser Gelenke vermieden werden. Daneben kann man bei Bedarf die betroffene Region durch Bandagen stützen – etwa mit einer Handgelenk-Leder-Manschette. Besonders am Daumensattelgelenk wirken Schienen, die meist aus Kunststoff bestehen, stabilisierend. Muss man das Gelenk extrem belasten, sollte das Handgelenk dabei möglichst leicht gebeugt werden.

Kreisende Bewegungen und Ausschütteln erwärmen und lockern die Muskulatur.

Übungen

Stufe 1: Muskelerwärmung und -lockerung

Führen Sie kreisende Bewegungen im Handgelenk jeweils 8-mal im und 8-mal gegen den Uhrzeigersinn durch. Schütteln Sie anschließend die Hand nach unten leicht aus.

Stufe 2: Dehnung

1. Beugende Muskulatur

Stellen Sie sich mit dem Gesicht zur Wand im Abstand der Unterarmlänge. Beugen Sie das Ellbogengelenk rechtwinklig an, die Finger zeigen nach unten, und drücken Sie die Handflächen 20 Sekunden gegen die Wand.

2. Streckende Muskulatur

Beide Arme abwinkeln und die Handflächen vor dem Bauch zusammenführen, die Fingerspitzen zeigen nach unten, das

Der Presslufthammer und andere stark vibrierende Maschinen begünstigen das Entstehen einer Arthrose.

Handgelenk ist abgeknickt. Drücken Sie beide Handrücken für 20 Sekunden kräftig gegeneinander.

3. Daumensattelgelenk

Der menschliche Daumen hat eine Sonderfunktion unter den Fingern, denn er ist opponierbar, das heißt man kann ihn den anderen Fingergliedmaßen gegenüberstellen.

Diese Übung weitet die eingesteifte Gelenkkapsel und führt zu einer spürbaren Besserung von Beschwerden.
Fassen Sie mit der gesunden Hand den betroffenen Daumen und ziehen Sie ihn, so lange Sie den Schmerz aushalten können, in Längsrichtung – möglichst 20 Sekunden lang. Sie können auch den Daumen in Richtung der Handinnenfläche sowie in Gegenrichtung zur Seite wegbewegen.
Versuchen Sie, auch mit Hilfe eines Partners, der den Finger sanft schiebt oder drückt, den Daumen gegen die Mittelhand in allen Richtungen zu bewegen: nach oben, unten, innen und außen oder Drehbewegungen zu machen.

Stufe 3: Kräftigung

1. Beugende Muskulatur

Beugen Sie beide Arme im Ellbogengelenk rechtwinklig ab. Führen Sie die Handflächen vor dem Brustkorb so zusammen, dass Handflächen und gestreckte Finger aufeinander gepresst sind. Drücken Sie nicht die Arme durch Anspannen der Brustmuskulatur zusammen, sondern aktivieren Sie Ihre beugeseitige Unterarmmuskulatur durch das feste Aneinanderpressen der Finger. Die Spannung 8 Sekunden halten.

2. Streckende Muskulatur

Legen Sie den Unterarm mit der Handfläche nach unten auf den Oberschenkel oder vor sich auf einen Tisch. Heben Sie 8-mal – am besten mit Hantel – die Hand nach oben an und überstrecken Sie das Handgelenk. Der Unterarm wird nicht mit angehoben und bleibt auf der Unterlage liegen.
Legen Sie die Hand nicht ganz auf der Unterlage ab.

Alternativ können die Übungen für das Ellbogengelenk, Dehnung 3, 4 (Seite 33) und Kräftigung 3, 4 (Seite 35) durchgeführt werden.

Fingergelenke

Eine Erkrankung dieser Gelenke wird in erster Linie durch den altersbedingten Verschleiß des Gelenkknorpels verursacht. Selten ist eine Verletzung oder eine chronische Gelenkentzündung dafür verantwortlich.

Arthrose an den Fingern steht bei älteren Menschen meist in Verbindung mit Knoten und Verdickungen, die mit zähem Sekret gefüllte Zysten anzeigen.

Symptome

Bevor Schmerzen auftreten, werden Sie zunächst eine leichte Einschränkung der Beweglichkeit spüren. Insbesondere morgens nach dem Aufstehen tritt kurzfristig eine Steifheit auf, die sich jedoch nach ein paar Bewegungsübungen verliert. Auch wenn man die Finger in warmes Wasser taucht, geht sie zurück. Im weiteren Verlauf der Erkrankung kommt es zu länger anhaltenden Bewegungseinschränkungen und Schmerzen. Im Bereich der Gelenke bilden schleimgefüllte Zysten und knö-

Eine Arthrose in den Fingergelenken kann sehr schmerzhaft sein. Schmerzmittel eignen sich nur zum kurzfristigen Einsatz.

cherne Verbreiterungen dicke Stellen. Gelegentlich kommt eine seitliche Verbiegung der Finger hinzu.
Die Arthrose der Fingergelenke schreitet langsam voran. Häufig werden die optisch störenden Verdickungen mehr beklagt als die Funktionsbeeinträchtigung.

Vorbeugende Maßnahmen

Ein warmes Handbad kann auch mit erhitztem Sand oder Heilerde durchgeführt werden.

Wer von dieser Art von Arthrose betroffen ist, sollte Handschuhe tragen, um die Finger warm zu halten. Bestehen bereits Beschwerden, sind regelmäßige warme Handbäder mit Kamille oder medizinischen Badezusätzen zu empfehlen.
Um Verformung und zunehmender Instabilität vorzubeugen, sollte langes Aufstützen auf den Fingern mit abgespreiztem Daumen unterbleiben. Ungünstig sind auch einseitige Hebebelastungen oder ausdauerndes Häkeln und Stricken.

Übungen

Stufe 1: Muskelerwärmung und -lockerung

Strecken Sie die Finger und knicken Sie sie dann wieder zur Faust ab. Machen Sie das 8-mal. Anschließend ausschütteln.

Stufe 2: Dehnung

1. Beugende Muskulatur und beugeseitige Kapsel

Den Arm im Ellbogengelenk rechtwinklig abbeugen und die Hand, die Sie dehnen wollen, mit der Handfläche nach oben halten, die Finger sind gestreckt. Biegen Sie jetzt mit der anderen Hand zunächst den Daumen und anschließend die vier Finger gemeinsam je 20 Sekunden zur Handfläche hin ab.

2. Streckende Muskulatur

Beugen Sie den Arm rechtwinklig ab. Schließen Sie die Hand zur Faust und drücken Sie mit der anderen Hand das Handgelenk in die verstärkte Beugung für 20 Sekunden nach unten.

WENN DIE FINGERGELENKE VERDICKEN

Stellen Sie Verdickungen oder Verbiegungen der Fingergelenke fest, sollten Sie auf jeden Fall durch einen Arzt abklären lassen, ob eine der seltenen entzündlich rheumatischen Erkrankungen vorliegt oder nicht. Diese schreiten nämlich schnell voran und führen häufig zu ausgeprägten Fehlstellungen.

3. Fingergelenkkapsel unter Ausnützung des Gelenkspiels

Fassen Sie den betroffenen Finger fest in Nähe des schmerzhaften oder bewegungseingeschränkten Gelenks. Immer vor das Gelenk in Richtung Fingerspitzen greifen und nicht dahinter in Richtung Handfläche.

Nun schieben Sie mit kleinen Bewegungen das Gelenk je 8-mal zur einen Seite, dann zur anderen, nach oben und unten und zum Schluss in einer Drehbewegung nach rechts und links. Diese Übung sollten Sie nicht mit zu viel Kraft ausführen, da Sie sonst automatisch dagegen spannen und keine Bewegung mehr möglich ist. Wenn Ihnen jemand mit beiden Händen das Gelenk von den Fingerspitzen und der Hand her fixieren kann, ist die Übung leichter durchzuführen.

Aus einer Kapselverletzung, wie sie beim Sport häufig passiert, kann sich später leicht eine Arthrose entwickeln.

Stufe 3: Kräftigung

1. Beugende Muskulatur

Die beste Kräftigung erreichen Sie durch eine 8-malige Wiederholung des Faustschlusses. Sie können diese Übung erschweren, indem Sie einen billigen Softball aus der Spielzeugabteilung oder einen Gummiball mit Noppen aus dem Sanitätsfachhandel in der Hand 8-mal zusammendrücken.

Diese Übung können Sie auch gut im Wasserbad ausführen.

Zerdrücken Sie alternativ mit dem Faustschluss eine Knetmasse. Lassen Sie sich diese in der Apotheke mischen. Sie be-

Sacht gehaltene Dehnungen stellen die Spannungsregulation der arbeitenden Muskulatur wieder her.

steht aus: 500 g Paraffinum durum, 166 g Paraffinum subliquidum. Lassen Sie diese Wachsmasse in einem Topf flüssig werden. Warten Sie aber, bis die Wachsmasse etwas abgekühlt ist, sonst verbrennen Sie sich.
Baden Sie zunächst Ihre Hände darin, lassen Sie dann das Wachs an Ihren Fingern abkühlen und kneten Sie es schließlich, bis es fest wird.

2. Streckende Muskulatur
Diese Übung ist einfach, und schon nach kurzer Zeit werden Sie Fortschritte gemacht haben.
Die Finger kräftig strecken und spreizen und dann die Spannung 8 Sekunden halten. Alternativ kann diese Übung auch im warmen Handbad durchgeführt werden.

Hüftgelenke

Diese Gelenke sind am häufigsten von der Arthrose betroffen. In einem Viertel aller Fälle ist ihre Ursache unbekannt. Die Arthrose des Hüftgelenks kann sich aus nicht ausgeheilten Hüft-

Manche Babys kommen mit einer angeborenen Hüftfehlstellung auf die Welt. In diesem Fall hilft meist eine korrigierende Behandlung.

gelenkerkrankungen, einer angeborenen Hüftluxation (Fehlentwicklung der Hüftgelenkpfanne) oder der Lösung der Wachstumsfuge während der Pubertät entwickeln. Hieraus entstehen – neben der fehlerhaften Ausbildung des Hüftkopfs oder der Hüftpfanne – zusätzliche Achsenfehlstellungen des Schenkelhalses. Dies führt zu einer Fehlbelastung im Hüftgelenk. Übergewicht und Überbelastung verschlimmern die Beschwerden und beschleunigen den Verschleiß dieses Gelenks.

Symptome

Wer bei größeren Anstrengungen vorübergehend Hüftschmerzen verspürt, leidet bereits unter den Anfängen einer Hüftgelenkarthrose. Typisch sind auch Schmerzen, die etwa fünf bis sechs Minuten nach dem Aufstehen andauern. Man hat das Gefühl, als sei das Gelenk »eingerostet«.

Im fortgeschrittenen Stadium lassen die Schmerzen auch im Ruhezustand und nachts nicht nach. Sie konzentrieren sich vor allem in der Leistengegend und im Oberschenkel. Im Spätstadium kann es zum Hinken kommen, weil dann die Beweglichkeit der Hüfte schmerzhaft eingeschränkt ist.

Von der Arthrose ist das Beschwerdebild einer so genannten schnappenden Hüfte (coxa saltans) zu unterscheiden, die besonders bei jüngeren Frauen auftritt. Dabei spürt man nach Belastungen Schmerzen an den Hüftknochen, manchmal macht sich ein schnappendes Reiben bemerkbar. Diese Beschwerden können auch mit dem Aktivprogramm der physikalischen Therapie und Auflegen von Eisbeuteln behandelt werden.

Auf den beiden Kugelgelenken der Hüfte lastet das Körpergewicht beim Stehen. Sie müssen auch die Stöße beim Laufen abfangen.

Vorbeugende Maßnahmen

Übergewicht vermeiden ist die beste Vorbeugung. Ferner das Motto beherzigen: »So wenig Belastung wie nötig, so viel Bewegung wie möglich.« Im Beruf sollte man zwischen sitzender, gehender und stehender Tätigkeit wechseln.

Sport hilft bei Arthrose der Hüftgelenke

Es gibt sogar bestimmte Sportarten, die eine Hüftgelenkarthrose verhindern helfen.

Sportarten, die erlaubt sind:
- Schwimmen (vorzugsweise in warmem Wasser)
- Rad fahren
- Zielgerichtete Gymnastik

Sportarten, die nicht erlaubt sind:
- Sprung- und Laufsportarten
- Squash
- Badminton
- Tennis
- Skiabfahrtslauf

Schmerzen wirksam lindern

Schmerzen in den Hüft- und Kniegelenken hängen oft zusammen. Für das Gehtraining eignen sich nur ebene Strecken, Jogging lässt man besser sein.

Wärme ist zur Linderung der Schmerzen in der Hüfte das beste Mittel. Schon das Tragen einer Wollunterhose mit Beinansatz ist ausreichend.
Die Schuhe sollten Pufferabsätze oder Einlagen haben, weil so Stöße wirksam abgefedert werden. Im Spätstadium der Erkrankung kann man sich zur Entlastung auf einen Gehstock auf der gesunden Seite stützen sowie eine Toilettensitzerhöhung einrichten. Zur Erleichterung der Belastung im Stehen gibt es im Sanitätshandel eine spezielle Stehhilfe, die einem Barhocker ähnelt.

Übungen

Dehnung und Kräftigung sollten möglichst schonend für die Gelenke im Bereich der Lendenwirbelsäule und das Kniegelenk ausgeführt werden. Am besten werden die Übungen im Liegen oder in einem Bewegungsbad ausgeführt.

Stufe 1: Muskelerwärmung und -lockerung

Hierzu empfiehlt sich das Pendeln des hängenden Beins nach vorne und hinten. Stellen Sie sich dazu auf die gesunde Seite, die kranke Seite des Beckens heben Sie leicht an und halten sich am besten mit der Hand der gesunden Seite, z. B. an einem Türrahmen, fest. Fortgeschrittene können den Fuß auch in Achterschleifen pendeln oder kreisen lassen.

Bergsteigen ist für Personen mit Hüftarthrose ungeeignet, es sei denn, man gewöhnt sich daran, auf zwei Stöcke gestützt zu wandern.

Stufe 2: Dehnung

1. Beugende Muskulatur

Legen Sie sich auf den Bauch und winkeln Sie das Kniegelenk der betroffenen Seite ab, indem Sie den Unterschenkel gegen das Gesäß anbeugen. Dann umgreifen Sie mit beiden Händen den Fußrücken und drücken ihn 20 Sekunden gegen das Gesäß. Sie spüren den Dehnreiz an der Vorderseite des Hüftgelenks und der Oberschenkelmuskulatur. Verstärken Sie den Dehneffekt, indem Sie das Becken gegen die Unterlage drücken.

Alternative

Machen Sie einen großen Ausfallschritt nach vorne und gehen Sie in die Knie. Stützen Sie sich dabei mit den Händen auf dem Oberschenkel ab und strecken Sie das Bein der zu dehnenden Seite gerade nach hinten weg. Vermeiden Sie jedoch ein zu starkes Hohlkreuz. Sie erzielen damit zugleich einen Dehneffekt der vorderen Hüftgelenkkapsel und beugenden Muskulatur.

2. Nach hinten streckende Muskulatur

Legen Sie sich auf den Rücken und beugen Sie das betroffene Hüft- und Kniegelenk, indem Sie das Bein anziehen. Dann umgreifen Sie mit beiden Händen Ihr Schienbein und drücken es 20 Sekunden gegen Ihre Brust. Sie können den Dehneffekt verstärken, indem Sie im Kniegelenk nicht abbiegen, sondern das senkrecht nach oben gestreckte Bein zu sich heranziehen.

3. Anspreizende Muskulatur
Legen Sie sich auf den Rücken, beide Beine senkrecht nach oben gestreckt. Dann spreizen Sie die Beine zur Seite nach außen und drücken unterstützend mit den Händen gegen die Innenseite der Oberschenkel. 20 Sekunden halten.

4. Abspreizende Muskulatur
Setzen Sie sich mit ausgestreckten Beinen auf den Boden. Ziehen Sie das kranke Bein an und setzen Sie den Fuß über den ausgestreckten Oberschenkel der gesunden Seite. Anschliessend drehen Sie den Oberkörper in Richtung des kranken Hüftgelenks und drücken 20 Sekunden mit dem Ellbogen gegen die Außenseite des überkreuzten, angewinkelten Oberschenkels.

Während der Übungen entwickelt sich rasch ein Gefühl für den vorsichtigen Umgang mit den Gelenken.

5. Nach außen drehende Muskulatur
Diese Übung belastet Bänder und Menisken des Kniegelenks, deshalb sollte die Übung bei Kniegelenkverletzungen oder gleichzeitigen Kniegelenkbeschwerden nur nach Rücksprache mit dem behandelnden Arzt durchgeführt werden.

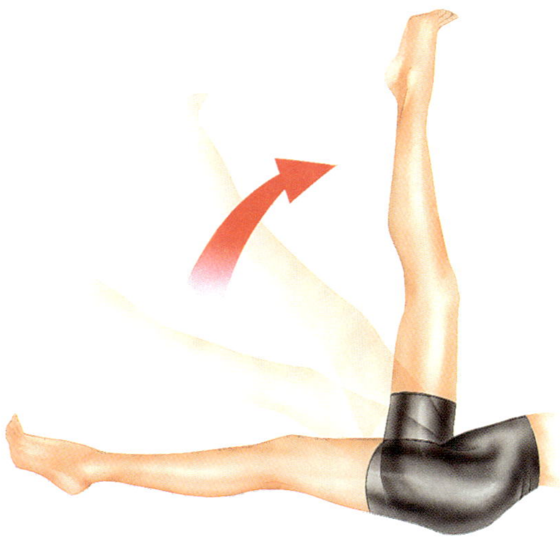

Regelmäßiges und bewusstes Üben ist bei der alternativen Übung der Stufe 3 das A und O.

Legen Sie sich auf den Rücken und winkeln Sie beide Beine an. Nun legen Sie den Fuß der erkrankten Seite für 20 Sekunden auf den Oberschenkel der gesunden Seite. Durch diesen einseitigen Schneidersitz in Rückenlage drehen Sie Ihr Hüftgelenk nach außen und dehnen die eingesteiften Muskeln und Kapselband-Strukturen des Hüftgelenks. Um den Dehneffekt zu verstärken, können Sie auf das Kniegelenk der erkrankten Seite drücken.

6. Nach innen drehende Muskulatur
Auch diese Übung sollten Sie nur nach Rücksprache mit Ihrem Arzt durchführen.
Setzen Sie sich auf den Boden und stützen Sie sich mit den Händen hinter dem Rücken ab. Neigen Sie sich leicht auf die gesunde Seite und biegen Sie das Bein der erkrankten Seite im Kniegelenk so ab, dass Sie es leicht nach innen drehen und die Ferse in Richtung Gesäß ziehen können. Das Bein bleibt dabei auf dem Boden liegen. Halten Sie diese Position 20 Sekunden.

Wichtig ist, dass Sie alle Übungen langsam und möglichst vorsichtig durchführen. Dann ist der positive Effekt am größten.

Stufe 3: Kräftigung

1. Beugende Muskulatur
Legen Sie sich für diese einfache Übung auf den Rücken und stellen Sie ein Bein an.
Drücken Sie für rund 8 Sekunden mit größtmöglicher Kraft mit der Hand gegen die weitere Beugung des Beines im Hüftgelenk.

Alternative
Sie liegen auf dem Rücken, das Bein ist ausgestreckt. Sie heben es ungefähr 10 Zentimeter an, ziehen dann die Zehenspitzen an und halten Ihr Bein 8 Sekunden in der Luft.
Ebenso können Sie Ihr gestrecktes Bein 8-mal bis zur Senkrechten anheben.

Wenn Sie etwas geschult sind, beugen und strecken Sie Ihre Beine, indem Sie aus dem Stand 8-mal in die Hocke gehen, ähnlich wie bei der Abfahrt auf Skiern. Gehen Sie dabei nicht zu tief in die Knie und strecken Sie die Beine nicht ganz durch, das schont die Kniegelenke.

2. Nach hinten streckende Muskulatur

Legen Sie sich auf den Rücken und strecken Sie die Beine aus. Spannen Sie nun die Gesäßmuskeln an und pressen Sie die Kniekehle der betroffenen Seite gegen den Boden. Ziehen Sie Ihre Zehen an und halten Sie die Spannung in Gesäß und Bein 8 Sekunden.

Durch Ziehen am gebeugten Bein bringt man die Muskulatur der hinteren Oberschenkel dazu, mit Spannung zu entgegnen.

Alternative I

Legen Sie sich ausgestreckt auf den Bauch, heben Sie das gestreckte Bein ca. 10 Zentimeter an und halten Sie die Spannung 8 Sekunden. Oder heben Sie das Bein 8-mal hoch. Vermeiden Sie dabei ein Hohlkreuz.

- Achtung: Treten bei dieser oder bei anderen Hüftübungen Beschwerden im Rücken auf, sollten Sie auf eine korrektere Ausführung achten oder diese Übung nicht machen. Auf keinen Fall sollten Sie gegen den Schmerz üben oder sich quälen.

Alternative II

Für Fortgeschrittene: Legen Sie sich mit Bauch und Brust auf einen Stuhlsitz oder einen großen Gymnastikball, so dass Sie sich bequem auf Händen und Knien abstützen können. Dann heben Sie ein Bein bzw. den Oberschenkel mit abgewinkeltem Kniegelenk 8-mal bis zur Waagerechten an. Durch Einhängen eines leichten Hantelgewichts am Fuß verstärken Sie den Kräftigungseffekt.

Alternative III

Oder Sie legen sich auf den Rücken und stellen die Beine durch Beugung im Kniegelenk auf. Drehen Sie die abgewinkelten und abgespreizten Arme nach oben, so dass die Handflächen zur Decke zeigen. Schieben Sie nun Ihr Becken nach oben, bis die Hüften gerade gestreckt sind, aber kein übermäßiges Hohlkreuz und keine Belastung der Wirbelsäule entstehen. Stützen Sie sich dabei nur mit den Füßen und der Schulterpartie ab. Heben und senken Sie das Becken 8-mal.

Die »magische Zahl« Acht für die Wiederholungen und für das Halten der Endposition ist ein Erfahrungswert und bietet ein Optimum an Wirkung. Mehr Wiederholungen bringen keinen zusätzlichen Erfolg.

3. Anspreizende und nach innen drehende Muskulatur

Setzen Sie sich auf den Boden, winkeln Sie beide Beine an und klemmen Sie dann einen Ball aus Schaumstoff oder ein härteres Kissen zwischen die Kniegelenke. Drücken Sie sie kräftig zusammen und halten Sie die Spannung 8 Sekunden.

Alternative

Legen Sie sich bequem in Seitenlage und schieben Sie den unten liegenden Arm unter das Ohr. Drücken Sie das obere Bein leicht nach hinten und heben Sie nun das untere gestreckte Bein 8-mal an.

4. Abspreizende Muskulatur

Legen Sie sich ausgestreckt auf die Seite, die unten liegende Hand unter das Ohr gelegt. Dann heben Sie das oben liegende Bein gerade ausgestreckt 8-mal an. Mit einem elastischen Band zwischen den Sprunggelenken können Sie den kräftigenden Effekt verstärken. Wenn Sie mit einem Partner üben, setzen Sie sich mit angewinkelten Beinen auf dem Boden einander gegenüber hin und stützen Sie sich hinter dem Rücken mit den Händen ab. Schieben Sie nun Ihre Beine zwischen die Beine Ihres Partners und pressen Sie diese gegen den Widerstand seiner Beine 8 Sekunden auseinander.

5. Nach außen drehende Muskulatur
In bequemer Seitenlage liegend, winkeln Sie das obere Bein ganz ab. Mit der oben liegenden Hand fassen Sie auf das gebeugte Kniegelenk oder den Oberschenkel. Nun drücken Sie das Kniegelenk nach oben gegen die Hand und halten die Spannung 8 Sekunden.

Kniegelenke

Das Gelenk am Knie ist nach seinem Aufbau die komplizierteste bewegliche Knochenverbindung des Körpers.

Das Kniegelenk besteht aus zwei Gelenkanteilen:

- Das so genannte Femoropatellargelenk zwischen der Rückseite der Kniescheibe (Patella) und der Oberseite der Oberschenkelrollen (Femurkondylen)
- Das femorotibiale Gelenk zwischen den Oberschenkelrollen und dem Schienbeinkopf

Stabilisiert wird das Kniegelenk durch das hintere und vordere Kreuzband, das Innen- und Außenband an der Seite des Kniegelenks und durch die Gelenkkapsel. Als Puffer zur Lastenverteilung und auch zur Stabilisierung dienen der Innen- und Außenmeniskus.

Neuesten sportmedizinischen Erkenntnissen zufolge belastet Buckelpistenfahren die Gelenke weniger als alpines Skifahren, sofern die Bewegungen dynamisch und rund ablaufen.

Symptome

Die ersten Beschwerden sind Steifheit in den Knien und Schmerzen beim Auftreten. Erst wenn man einige Schritte gemacht hat, kann das Kniegelenk wieder ganz gestreckt werden. Ist hauptsächlich das Gelenk zwischen Kniescheibe und Oberschenkelrolle von der Arthrose betroffen, bereitet besonders das Beugen der Knie Schmerzen. Beschwerden in der Kniekehle beim Treppensteigen deuten auf einen Meniskusschaden hin. Häufig strahlen die Arthroseschmerzen in den Ober- und Unterschenkel aus.

Sind Kniegelenkbeschwerden unklar, sollte das Hüftgelenk untersucht werden.

Ursachen

Werden die Strukturen des Kniegelenks verletzt oder verschleißen sie vorzeitig, etwa durch Extrembelastung, besteht die Gefahr, dass im Kniegelenk eine Arthrose entsteht. Auch Fehlstellungen durch O-Beine oder X-Beine können dafür verantwortlich sein.

Es kommt zu Druckbelastungen an beiden Seiten des Kniegelenks, die Kniescheibe scheuert sich einseitig ab.

Ebenfalls ungünstig wirken sich schlecht verheilte Knochenbrüche und Übergewicht auf das Kniegelenk aus.

Vorbeugende Maßnahmen

- Übergewicht unbedingt reduzieren
- Lange Belastungen vermeiden
- Kurzfristige Belastungen, wie sie durch Sprünge beim Tennis, Fußball oder Alpinskilauf entstehen, sind unbedingt zu vermeiden
- Das Kniegelenk mit einer Manschette aus Wolle warm halten
- Gepolsterte Bandagen aus dem Sanitätsfachhandel können Beschwerden hinter der Kniescheibe lindern

Eine Arthrose am Knie gilt als Berufskrankheit der Fliesenleger und Pflasterer. Hier zeigt sich, dass die bewegungsarme Dauerbeugung schädlicher wirkt als eine Extrembelastung im mobilen Zustand.

WIE SIE IHRE KNIEGELENKE SCHONEN

Wenn Sie länger sitzen, wirkt das gelegentliche Ausstrecken der Beine sowie das Abstellen der Füße auf einer – am besten schrägen – Fußbank druckvermindernd auf die Kniescheibe. Tragen Sie möglichst keine schweren Lasten und benutzen Sie statt eines Einkaufskorbs lieber einen rollbaren Einkaufswagen. Auch häufiges Treppensteigen belastet die Kniegelenke, nehmen Sie lieber den Aufzug. Keine Arbeiten auf den Knien verrichten; lässt sich das nicht vermeiden, strecken Sie die Knie zur Entlastung immer wieder aus und/oder polstern Sie die Kniescheiben mit Schonern aus Weichgummi.

Übungen

Stufe 1: Muskelerwärmung und -lockerung

1. Locker pendeln

Wenn Sie starke Schmerzen im Kniegelenk haben, setzen Sie sich auf einen stabilen Tisch, damit der Unterschenkel frei hängen kann und nicht den Boden berührt. Strecken und beugen Sie das Kniegelenk in einer lockeren Pendelbewegung je 8-mal pro Seite.

2. Auf der Stelle treten

Treten Sie auf der Stelle, indem Sie abwechselnd die Oberschenkel nach oben ziehen, so hoch es geht. Wiederholen Sie diese Übung 8-mal.

Wer viel am Schreibtisch sitzt, wird häufig Opfer einer Arthrose. Ein Knie lässt sich durch Ruhigstellung nicht konservieren.

3. Rad fahren

Sehr gut geeignet zur Erwärmung der Muskulatur ist Rad fahren. Das können Sie aber ebenso gut auf einem Heimtrainer oder indem Sie auf dem Rücken liegend die entsprechenden Tretbewegungen machen.

Stufe 2: Dehnung

1. Mobilisation der Kniescheibe

Ist die Kniescheibe beweglich, kann eine eingeschränkte Beweglichkeit des Kniegelenks um 20 Prozent verbessert werden. Setzen Sie sich mit ausgestreckten Beinen; falls Sie das nicht können, legen Sie ein Kissen unter die Kniegelenke. Schieben Sie nun langsam 8-mal mit geringer Kraft die Kniescheibe in Richtung Fuß, ohne den Oberschenkel dagegen zu spannen.

Die Kniekehle besitzt ein hufeisenförmiges Band aus Fasern, das an der Kapsel des Gelenks ansetzt.

2. Vordere Oberschenkelmuskulatur

Legen Sie sich bequem auf die Seite und beugen Sie das unten liegende Bein im Hüftgelenk an, damit kein verstärktes Hohlkreuz auftritt. Nun fassen Sie das oben liegende Bein am Sprunggelenk, winkeln es im Kniegelenk ab und drücken die Ferse 20 Sekunden gegen das Gesäß.

3. Hintere Oberschenkelmuskulatur

Setzen Sie sich so auf eine stabile Tischkante, dass Sie das zu dehnende Bein gestreckt auflegen können. Das andere Bein hängt herunter oder stützt sich auf dem Boden ab. Dann beugen Sie den Oberkörper für 20 Sekunden nach vorne. Sie erzielen einen Dehnreiz auf die hintere Oberschenkelmuskulatur.

Alternative

Setzen Sie sich mit gestreckten Beinen auf den Boden und versuchen Sie, mit den Fingerspitzen die Zehen zu erreichen. Dabei die Kniekehle gegen den Boden drücken.

Stufe 3: Kräftigung

1. Oberschenkelstreckmuskulatur

Damit wird das Gelenk hinter der Kniescheibe belastet. Haben Sie dort Beschwerden, beschränken Sie sich ausschließlich auf die folgenden Übungen zur Dehnung und Kräftigung.

Im Spannungszustand einer Übung sollten Sie stets darauf achten, dass der Atem ruhig und regelmäßig bleibt.

Setzen Sie sich so auf einen Tisch, dass der Unterschenkel frei pendeln kann. Strecken Sie nun 8-mal das Bein bis zur Waagerechten aus. Um den Druck zu verstärken, können Sie ein leichtes Hantelgewicht am Fuß einhängen.

Alternative
Gehen Sie ausholend mehrere Schritte (wie es der Platz erlaubt) und beugen Sie dabei verstärkt das Kniegelenk. Versuchen Sie aus der großen Schrittstellung heraus ergänzend 8 Kniebeugen mit einem Bein.

2. Innere Oberschenkelstreckmuskulatur
Legen Sie sich für diese Übung auf den Rücken, Arme und Beine sind gestreckt. Ziehen Sie die Fußspitzen zu sich heran und pressen Sie die Kniekehle 8 Sekunden gegen die Unterlage, so dass sich die Fersen leicht abheben. Dabei sollten Sie zusätzlich den Fußinnenrand besonders betonen und zu sich hochziehen.

Alternative I
Setzen Sie sich mit gestreckten Beinen auf den Boden und stützen Sie sich auf den Ellbogen ab. Dann drehen Sie den Fuß in einem Winkel von 45 Grad nach außen und heben das Bein 8-mal an. Unterstützend können Sie ein leichtes Hantelgewicht im Fuß einhängen. Wiederholen Sie die Hebung mit einer Drehung des Fußes nach außen um 90 Grad.

Alternative II
Stützen Sie sich bei dieser Variante mit den Händen ab und drehen Sie sich ein wenig auf die Seite des zu trainierenden Beines, das unten liegt. Beugen Sie das obere Bein im Kniegelenk und stellen Sie es auf. Dann heben Sie das unten liegende Bein 8-mal an.

3. Hintere Oberschenkelmuskulatur

Knien Sie sich auf den Boden und stützen Sie sich mit den Ellbogen ab oder legen Sie sich bäuchlings auf einen Tisch. Nun heben Sie das betroffene Bein in die Waagerechte und beugen das Kniegelenk rechtwinklig ab. Dann beugen Sie den Unterschenkel 8-mal bis zum Gesäß an und strecken ihn jeweils nur bis zur Rechtwinkelstellung im Kniegelenk.

Zur Steigerung der Effektivität kann ein Partner gegen den Unterschenkel drücken oder Sie beugen den Unterschenkel gegen den Widerstand eines elastischen Bandes, das Sie an der Ferse oder an der Heizung befestigen.

Alternative

Sie begeben sich in die Rückenlage, beugen im Hüftgelenk ungefähr im rechten Winkel ab und legen die Unterschenkel auf die Sitzfläche eines Stuhls. Umgreifen Sie die Stuhlbeine und drücken Sie die Fersen auf die Sitzfläche des Stuhls, so dass dadurch Ihr Gesäß angehoben wird. Halten Sie die erzeugte Stellung und Muskelanspannung 8 Sekunden.

Einfacher ist die Übung, wenn Sie sich mit angezogenen Beinen auf den Rücken legen und durch Abstützen mit den Fersen und Armen Ihr Becken 8 Sekunden nach oben drücken.

Bereits auf eine Leiter zu steigen, wird für Leute mit Kniearthrose zum Problem. Bergab laufen oder die Treppen nach unten gehen sind ebenfalls schwierige Aktivitäten.

Sprunggelenke

Das Sprunggelenk gliedert sich in oberes und unteres Sprunggelenk. Obwohl es beim Laufen oder Springen erheblich belastet wird, ist es trotzdem selten von einer Arthrose betroffen. Selbst wiederholte Zerrungen oder Zerreißungen der Außenbänder mit Instabilität führen nicht automatisch zur Arthrose, da das Gelenk durch verschiedene Muskeln sehr gut stabilisiert werden kann. Meist geht der Arthrose im Sprunggelenk ein schlecht verheilter Knochenbruch oder eine Durchblutungsstörung voraus.

Bei Wanderungen auf unebenem Gelände macht sich eine Sprunggelenkarthrose schmerzhaft bemerkbar.

Symptome

Vor dem Auftreten von Schmerzen beim Treppensteigen und in der Hocke fällt eine Einschränkung der Beweglichkeit auf. Die Arthrose im unteren Sprunggelenk macht sich besonders beim Gehen auf unebenem Boden bemerkbar. Oft halten die Beschwerden auch in Ruhe noch längere Zeit an. Zu unterscheiden von Arthrosebeschwerden sind solche im hinteren Sprunggelenkbereich. Neben Schleimbeutelentzündungen ist meist eine Überlastung der Achillessehne Ursache dieser Schmerzen.

Wenn die akute Reizphase abgeklungen ist, helfen die Sprunggelenkübungen, vorzugsweise die Dehnungen, sehr gut.

Gerade die Hockstellung bedarf heute einiger Übung, um ohne schmerzende Sprunggelenke eingenommen werden zu können.

Vorbeugende Maßnahmen

Neben den allgemeinen Verhaltensempfehlungen sollten Stoßbelastungen vermieden werden; Fersenpolster oder Pufferabsätze können helfen. Auch kann man eine vorhandene Fehlstellung wie etwa den Knickfuß mit einer leicht stützenden Sohleneinlage nach Maß ausgleichen. Vielleicht hilft auch ein hoher Schuh, denn er gibt gerade bei seitlicher Bewegung viel Halt am Knöchel.

Übungen

Führen Sie die Übungen am besten barfuß oder mit rutschfesten Gymnastiksocken durch.

Stufe 1: Muskelerwärmung und -lockerung

Setzen Sie sich auf einen Stuhl oder Tisch. Das Sprunggelenk soll frei hängen. Führen Sie nun kreisende Bewegungen des Fußes zunächst 8-mal im Uhrzeigersinn und dann dagegen aus. Schütteln Sie das Sprunggelenk kurz nach unten aus.

Eine Zeit lang waren Sitzgelegenheiten in Mode, bei denen man halb hingekauert kniend die Büroarbeit verrichtete, aber sie verlagern die Gelenkprobleme nur auf eine andere, die untere Ebene.

Stufe 2: Dehnung

1. Muskulatur der Fußsenker

Stellen Sie sich mit einer Armlänge Abstand vor eine Wand. Setzen Sie den betreffenden Fuß einen großen Schritt nach hinten, lassen Sie das Bein dabei gestreckt. Gehen Sie nun mit dem anderen Fuß leicht in die Kniebeuge und stützen Sie sich mit den Händen an der Wand ab. Die Sohle des hinteren Fußes hat Kontakt mit der Unterlage. Halten Sie die Dehnung im Wadenbereich und am Achillessehnenansatz 20 Sekunden.

Alternative

Stellen Sie sich auf eine niedrige Treppenstufe oder eine ca. 5 Zentimeter hohe Schwelle. Durch Absenken der Ferse wird ebenfalls die Wade gedehnt. Sie können den Dehnungszustand durch das Ausführen der asiatischen Hocke – beide Füße bleiben auf dem Boden – kontrollieren.

2. Muskulatur der Fußheber

Diese Muskulatur an der Vorderseite des Unterschenkels dehnen Sie am besten, wenn Sie sich hinknien und auf die Fersen

setzen. Die Fußrücken liegen flach auf dem Boden, die Zehen zeigen nach hinten.
Alternativ können Sie sich auch auf den Boden setzen und das zu dehnende Sprunggelenk durch Beugung im Kniegelenk zu sich heranziehen. Dann krallen Sie die Zehen ein und beugen den Fuß im Sprunggelenk weiter nach unten, indem Sie mit der Gegenhand auf den Fußrücken drücken. Sie spüren nun im Fußrücken und an der Vorderseite des Unterschenkels ein angenehmes Spannungsgefühl, das Sie möglichst 20 Sekunden lang halten sollten.

Stufe 3: Kräftigung

1. Muskulatur der Fußsenker
Stehen Sie aufrecht, die Beine nebeneinander. Nun gehen Sie 8-mal in den Zehenspitzenstand. Etwas schwieriger wird es, wenn Sie diese Übung auf einem Bein stehend bei leichter Beugung des Knies ausführen.

Alternative
Legen Sie ein dickes Handtuch unter den vorderen Teil des Fußes und gehen Sie ebenfalls auf einem Bein 8-mal in den Zehenspitzenstand.

2. Muskulatur der Fußheber
Setzen Sie sich auf den Boden und ziehen Sie 8-mal den vorderen Teil Ihres Fußes nach oben. Zur Steigerung der Wirkung können Sie mit dem anderen Fuß oder der Hand gegen den Fußrücken des zu hebenden Fußes drücken und diese Anspannung 8 Sekunden halten.

Kräftige Fuß- und Beinmuskeln sind eine Voraussetzung für schmerzfreie Sprunggelenke.

3. Muskulatur der Fußaußenrandheber
Diese Übung ist nach Außenbandverletzungen oder bei einer Instabilität im Sprunggelenk mit Umknickgefahr empfehlenswert.

VERKÜRZUNG DER WADENMUSKULATUR

Die meisten Menschen, besonders Frauen, werden Schwierigkeiten mit der so genannten asiatischen Hocke haben. Bedingt durch die verkürzte Wadenmuskulatur und Achillessehne – hauptsächlich entstanden durch das Tragen hochhackiger Schuhe – können viele nur auf Zehenspitzen in die Hocke gehen. Wenn sie versuchen, die Fußsohlen ganz aufzusetzen, gelingt das wegen der Verkürzung der Wadenmuskulatur nicht. Man verliert das Gleichgewicht und kippt nach hinten.

Setzen Sie sich auf den Boden oder einen Stuhl und heben Sie gezielt den Außenrand bzw. den Kleinzehenstrahl des Fußes 8-mal nach oben an. Mit Gegendruck der Hand oder des anderen Fußes auf den Fußaußenrand die Spannung 8 Sekunden halten.

4. Koordination der Muskulatur von Fußheber und Fußsenker
Nach Verletzungen im Sprunggelenkbereich zu empfehlen.
Sie stehen, beide Füße sind parallel, ungefähr hüftbreit auseinander. Dann rollen Sie 8-mal mit jedem Fuß mit leicht gebeugten Kniegelenken nach vorne und hinten in den Fersen- und Zehenspitzenstand ab. Die Arme schwingen als Ausgleichsbewegung gegenläufig nach hinten und vorne.

Das Tragen hoher Absätze führt bei den meisten Frauen über kurz oder lang zu Problemen mit der Wadenmuskulatur und der Achillessehne.

5. Stabilisation im Stand
Vor allem nach Verletzungen und chronischen Beschwerden zur verbesserten Koordination und Muskelkräftigung des Sprunggelenks geeignet.
Stellen Sie sich so auf, dass mit leicht gebeugten Kniegelenken die Füße etwas mehr als hüftbreit auseinander stehen. Gehen Sie auf die Zehenspitzen, die Fersen lösen sich vom Boden.

Die kleinen Knochen der Fußwurzel gehören zu den urtümlichsten Teilen des Skeletts. Nach einem stumpfen Schlag - etwa des Fahrradpedals - heilen sie nur sehr langsam.

Dann greifen Sie mit beiden Händen von außen an die Kniegelenke und versuchen, durch den Druck der Hände die Kniegelenke zusammenzudrücken. Sie spannen dagegen und halten die Muskelaktivierung 8 Sekunden.
Anschließend greifen Sie durch Überkreuzen der Hände an die Innenseite der Kniegelenke und versuchen, die Kniegelenke 8 Sekunden gegen den Druck der Hände auseinanderzupressen. Sie sind immer noch mit leicht gebeugten Hüft- und Kniegelenken im Zehenstand.

Mittelfußgelenke

Die Mittelfußgelenke, auch Fußwurzeln genannt, sind ähnlich dem Handgelenk aus mehreren kleinen Knochen aufgebaut und bilden die tragenden Anteile des Fußgewölbes. Verbunden durch straffe Bänder, erlauben sie dennoch eine gewisse Abrollbewegung des Fußes. Damit sind sie extremen Belastungen ausgesetzt, was, meist durch den allgemeinen Verschleiß bedingt, zu einer Arthrose führen kann. An diesen Gelenken ist sie allerdings recht selten.

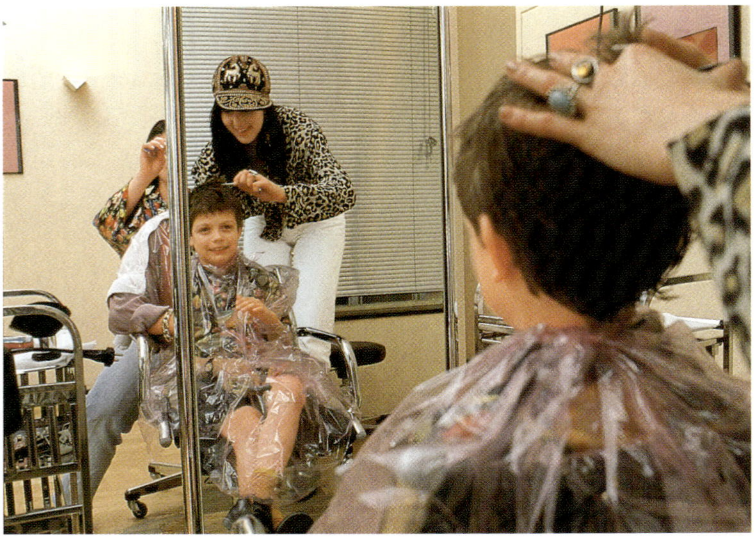

Berufe, in denen man viel stehen muss, fördern die Arthrosebildung im Mittelfußgelenk.

Symptome

Beschwerden sind belastungsabhängig und treten nach längerem Gehen oder Stehen auf; Barfußgehen oder Tragen hochhackiger Schuhe verstärken sie noch. Die eingeschränkte Beweglichkeit der Fußwurzel fällt kaum auf, da die angrenzenden Zehengelenke und das Sprunggelenk sie sehr gut ausgleichen. Durch das Längsgewölbe an der Innenseite des Mittelfußes kommt es zum typischen Senkfuß.

Vorbeugende Maßnahmen

Grundsätzlich empfiehlt es sich, Übergewicht abzubauen. Außerdem sollte man grundsätzlich gut passende und bequeme Schuhe tragen, die dem Fuß einen ausreichenden Halt geben. Bei Verschleißerscheinungen sind daher das Fußgewölbe stützende und entlastende Sohleneinlagen nach Maß unerlässlich. Die Belastung des Fußes kann neben dem häufigen Wechsel zwischen Gehen und Sitzen auch noch durch auf der Sohle angebrachte orthopädische Abrollhilfen vermindert werden.

Fast zu jeder Zeitepoche war die Schuhmode ein Feind der Füße. Im Moment attackieren die Designer bereits Kinderfüße mit Brikettabsätzen.

Übungen

Sie können zur Behandlung der Mittelfußgelenkarthrose die Übungen aus den Programmen für Sprunggelenk (siehe Seite 55–60) und Zehengelenke (siehe Seite 62–65) selbstständig durchführen.

Versuchen Sie zusätzlich eine Dehnung der Fußwurzel durch die Verdrehung des Vorfußes:

Setzen Sie sich auf den Boden und fassen Sie mit beiden Händen an den Vorfuß. Drehen Sie ihn nun so weit wie möglich zunächst nach außen, dann nach innen, und halten Sie die erreichte Endstellung jeweils 8 Sekunden. Dann können Sie versuchen, den Vorfuß nach oben und unten zu biegen, ohne das Sprunggelenk mit zu bewegen.

Zehengelenke

Eine Arthrose der Zehengelenke tritt zum Glück nicht allzu häufig auf. Die meisten Menschen können ohnehin nur die große Zehe richtig bewegen.

Die Erkrankung kann an den Grundgelenken im Vorfußballen, den Zehenmittel- und Zehenendgelenken auftreten. Am häufigsten kommt sie im Großzehengrundgelenk vor und tritt entweder allein auf, in Verbindung mit einem Spreizfuß – Absenkung des Fußquergewölbes – oder nach entzündlichen Veränderungen, wie sie durch Gichtarthritis verursacht werden. Befällt die Arthrose das Zehenmittelgelenk, so kommt es in Verbindung mit einer Beugestellung zu einer Krallenzehe, bei Befall des Endgelenks zur Hammerzehe. Meistens liegt ein Spreizfuß vor, der diese Fehlbelastung verursacht.

Symptome

Belastungsabhängige Beschwerden und Steifheit der betroffenen Zehengelenke. Das behindert den Abrollvorgang beim Gehen sehr stark, wodurch es zu Fehlstellungen kommt. Dazu bildet sich über den überbelasteten und fehlgestellten Zehengelenken oft noch ein entzündeter Schleimbeutel oder eine schmerzhafte Hornhautschwiele.

Hochhackige Schuhe verkürzen die Wadenmuskulatur und die Achillessehne. Muskel- und Gelenkbeschwerden sind mittelfristig die Folgen.

WOHLTAT FÜR DIE FÜSSE

Tragen Sie gut gepolsterte, stoßdämpfende Schuhe. Sie sollten eine steife Sohle haben, damit bei der Abrollbewegung der Mittelfuß nicht zu sehr durchbiegt. Gönnen Sie Ihren Füßen auch eine Entlastung durch wiederholte Hochlagerung oder indem sie warme Fußbäder nehmen, die durch den Zusatz von Kamille, Kohlensäure oder Schwefel besonders wirkungsvoll sind.

Vorbeugende Maßnahmen

Ein Spreizfuß kann vermieden werden, wenn man für eine ausreichende Bewegungsfreiheit der Zehen sorgt. Die Schuhe sollten am Innen- und Außenrand des Fußes Halt geben und ein Fußbett besitzen, das Quer- und Längsgewölbe unterstützt. Nicht nur zu enge, spitze oder hochhackige Schuhe, auch die oft durchgetretenen »Gesundheitssandalen« begünstigen die Entstehung eines Spreizfußes. Auf jeden Fall sollte man zu Hause nicht solches Schuhwerk tragen. Besteht bereits ein Spreizfuß, der oft mit einem Senkfuß einhergeht, sind bei Beschwerden korrigierende Einlagen nach Maß unerlässlich.

Vom Orthopäden angepasste Einlagen können beim Spreizfuß hilfreich sein und selbst bereits bestehende Beschwerden bessern.

Übungen

Stufe 1: Muskellockerung und Erwärmung

Strecken und beugen Sie die Zehen je 8-mal hintereinander. Dann spreizen Sie die Zehen je 8-mal auseinander. Abschließend Fuß und Zehen leicht nach unten ausschütteln.

Stufe 2: Dehnung

1. Beugende Muskulatur

Gehen Sie in die Hocke und bleiben Sie 20 Sekunden im Zehenspitzenstand. Durch das Überstrecken der Zehen nach oben werden die in der Fußsohle und der Wade verlaufenden

Diese Übungen wirken vor allem muskulär, daneben gibt es die Möglichkeit, das Bindegewebe durch Massage zu stärken.

Beugemuskeln der Zehen sowie die sohlenseitigen Kapseln der Zehen gedehnt.

2. Streckende Muskulatur
Setzen Sie sich auf einen Stuhl. Krallen Sie die Zehen zur Fußsohle hin ein und strecken Sie den Fuß im Sprunggelenk. Nun setzen Sie den Fuß auf dem Rücken der gebeugten Zehen auf und überstrecken ihn 20 Sekunden lang noch mehr nach unten. Im Bereich des Fußrückens und der Vorderseite des Unterschenkels spüren Sie die Dehnung.

3. Einzelne Zehengelenke
Setzen Sie sich auf den Boden und fassen Sie einen Zeh nach dem anderen. Trainieren Sie jede Zehe, indem Sie sie langsam je 20 Sekunden ganz abbiegen und dann nach oben in die Streckung aufbiegen. So können Sie leichte Krallenzehenstellungen wieder lösen.

Stufe 3: Kräftigung

1. Beugende Muskulatur
Legen Sie einen Bleistift oder dicken Filzstift auf den Boden.

EINLAGEN BEI SPREIZ- UND SENKFUSS

Durch eine stützende Erhebung (Pelotte) hinter den Mittelfußköpfchen wird das eingesunkene Quergewölbe wieder hergestellt und eine Fehlbelastung der Zehengelenke verringert. Wie bei der Fußwurzelarthrose ist eine steifere, aber gut gepolsterte Schuhsohle angebracht, damit der Fuß nicht über die schmerzhaften Zehengelenke abrollen muss. Ebenso erleichternd wirken auf der Sohle angebrachte Abrollhilfen, z. B. eine spezielle Ballen- oder Schmetterlingsrolle.

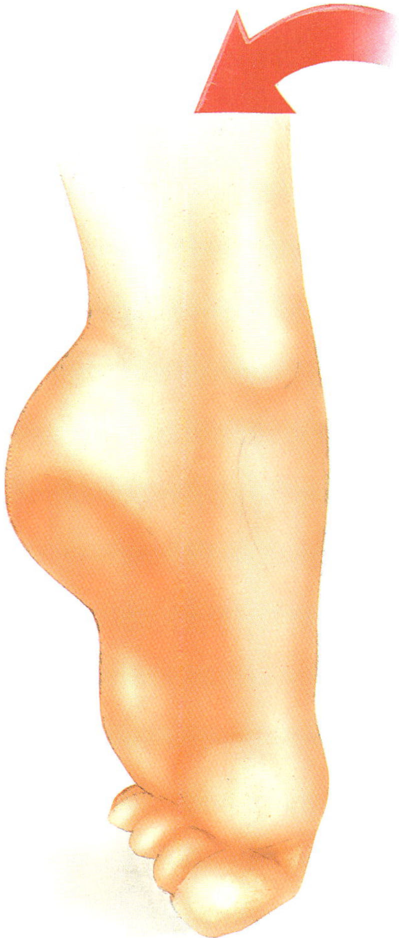

Versuchen Sie nun 8-mal, den Stift mit den Zehen durch Einkrallen zu fassen und kurz anzuheben. Zur Vereinfachung können Sie diese Übung auch durchführen, ohne einen Stift zu greifen, oder Sie versuchen, ein auf den Boden gelegtes Tuch hochzuheben.

2. Streckende Muskulatur
Strecken und spreizen Sie alle Zehen kräftig und halten Sie die Spannung 8 Sekunden.

3. Anspreizende Muskulatur der großen Zehe
Pressen Sie bewusst die gestreckte große Zehe 8 Sekunden gegen die zweite Zehe. Noch besser ist es, wenn Sie ein Blatt Papier zwischen die beiden Zehen legen und versuchen, es 8 Sekunden zu halten.
Diese Übung erscheint einfach. Kinder haben damit keine Probleme, Erwachsene müssen diese Anspreizbewegung aber oft neu lernen. Nach einigem Üben klappt es aber meist ganz hervorragend.

Regelmäßige Zehengymnastik beugt Verschleiß vor. Beachten Sie dazu die Übung 2 der Stufe 2.

Damit die Zehen beweglich bleiben, achten Sie auch bei Ihren Kindern darauf, dass sie immer wieder Spreizübungen machen und hin und wieder spielerisch mit einem Zeh wackeln.

Halswirbelsäule

Außer den Bandscheiben befinden sich an der Wirbelsäule auch die kleinen Wirbelgelenke (Facettengelenke), die wie die Gelenke an Armen und Beinen mit Knorpel überzogen sind. Auch sie werden von Muskeln und Bändern geführt und gestützt. Die Arthrose der kleinen Wirbelgelenke nennt man Spondylarthrose.

Der Kopf hat ein spezifisch hohes Gewicht im Verhältnis zum Hals, dadurch ist die Wirbelsäule hier von vornherein gefährdet.

Die Spondylarthritis oder Bechterew-Krankheit ist eine rheumatische Krankheit mit Versteifung der Wirbelsäule.
Neben den kurzen Muskeln zwischen den einzelnen Wirbeln existieren zusätzlich lange Muskeln, die mehrere Wirbel verbinden und am Hinterkopf, dem Schlüsselbein, den Rippen, dem Becken und sogar dem Oberschenkelknochen ansetzen. Daher können bei Beschwerden der Wirbelsäule auch die angrenzenden Gelenke beeinträchtigt werden, z. B. das Hüftgelenk bei Schmerzen im Bereich der Lendenwirbelsäule.

Symptome

Das sind in erster Linie unspezifische, belastungsabhängige Schmerzen sowie Verspannungen im Nacken und Schultergürtel, die häufig einseitig auftreten. Bei ausstrahlenden Schmerzen, Gefühlsstörungen oder Lähmungen in den Armen sollten Sie dringend einen Arzt aufsuchen, um beispielsweise einen Bandscheibenvorfall auszuschließen.

Wenn sich die Bandscheiben abnutzen

Wenn die Bandscheiben auch keine typischen Gelenke sind, haben sie doch eine ähnliche Funktion und können sich auch im Alter abnutzen. Die Abnutzung der Bandscheiben nennt man Osteochondrose. Eine Osteochondrose verläuft im Wesentlichen ähnlich wie eine Arthrose und kann genauso Schmerzen verursachen.
Das Ziel eines Aktivprogramms für die Wirbelsäule, das auch

die benachbarten Gelenke an Armen und Beinen mit einbezieht, ist eine Kräftigung der Muskulatur. Dadurch werden Bandscheiben, kleine Wirbelgelenke und Bänder entlastet, einem Verschleiß wird vorgebeugt. Eine übermäßige Beweglichkeit der Wirbelsäule wird dabei nicht angestrebt.

Die Euronorm für die Tischplattenhöhe ist leider viel zu niedrig, so dass fast jeder, der über 1,74 Meter misst, irgendwann Schwierigkeiten im Hals- oder Lendenbereich bekommen muss.

Ursachen

Der natürliche Verschleiß der Halswirbelsäule (HWS) beginnt bereits beim jungen Erwachsenen; aber auch wenn das Röntgenbild deutliche Veränderungen zeigt, kann man ein Leben lang beschwerdefrei bleiben.

Eine zusätzliche Belastung stellt die Haltung bei sitzenden Tätigkeiten dar. Der Kopf wird nach vorne geschoben, was die natürliche Biegung der HWS deutlich verstärkt, oft sogar noch schräg neigt. Die Schultern fallen nach vorne und im Bereich der Brustwirbelsäule (BWS) bildet sich ein Rundrücken aus. Eine solche jahrelange Fehlhaltung kann durch aktiv aufrechteres Sitzen nicht mehr korrigiert werden, da sich die Muskeln inzwischen verkürzt haben. Bandscheiben und kleine Wirbel-

Durch langes Sitzen am Computer verspannt sich die Nackenmuskulatur schmerzhaft.

gelenke werden nicht mehr gleichmäßig belastet, der vorzeitige Verschleiß ist die Folge.
Äußerst selten sind Verletzungen und Unfälle die Ursache einer Arthrose der Halswirbelsäule.
Auch psychische Belastungen in Familie und Beruf führen häufig zu Verspannungen im Nackenbereich, die weitere Fehlbelastungen der Halswirbelsäule und damit mitunter heftig Schmerzen verursachen.

Vorbeugende Maßnahmen

Jahrelang werden harmlose Verspannungen der Nacken- und Schultergürtelmuskulatur nach anstrengender Schreibtischtätigkeit oder langer Autofahrt nicht ernst genommen. Irgendwann aber sind dann die Schmerzen so unerträglich, dass man etwas dagegen tun muss.

Das barocke Stehpult war eine gute Lösung gegen Probleme mit der Halswirbelsäule. Wer viel schreibt, sollte öfters zwischendurch aufstehen und sich bewegen.

Lassen Sie es nicht so weit kommen, beugen Sie rechtzeitig vor! Das können Sie mit Dehnübungen, die Sie regelmäßig durchführen, auch während der Arbeit oder auf langen Autofahrten. Schützen Sie den Halsbereich vor Zugluft. Und was ganz wichtig ist: Denken Sie immer daran, Ihre Haltung ab und zu nachzukorrigieren!

Übungen

Stufe 1: Muskelerwärmung und -lockerung

Es reicht, die Halswirbelsäule je 8-mal in verschiedene Richtungen zu bewegen: nach vorne, nach rechts und links zur Seite neigen und drehen – nach hinten sollten Sie den Kopf allerdings nur leicht neigen!
Kreisende Kopfbewegungen führen Sie je einmal nach rechts und links zum Abschluss durch, da sie die Halswirbelsäule belasten können. Alle Bewegungsübungen sollten Sie nicht übertreiben und keinesfalls bis zur maximal möglichen Bewegung ausführen.

GEGEN VERSPANNUNGEN IM NACKENBEREICH

Halten Sie den Kopf leicht nach vorne gesenkt, so dass fast ein Doppelkinn entsteht. Die Brust nach vorne hochstrecken, die Schultern zurück- und nach unten nehmen (»Ordensbrust«). Ungünstig ist es beim Telefonieren, den Hörer zwischen Ohr und Schulter einzuklemmen; hier entlasten Kopfhörer mit Mikrofon oder Freisprecheinrichtungen den Nacken und die Schultern. Die richtige Haltung am Bildschirm ist frontal zu Monitor und Tastatur. Der Blick trifft in leichtem Neigungswinkel frontal auf den Bildschirm, der in einem Abstand von etwa 40 Zentimeter aufgestellt sein sollte, die Größe des Bildschirms beträgt idealerweise 17 Zoll.

Stufe 2: Dehnung

Bei der Dehnung der Halswirbelsäule ist darauf zu achten, dass man deutlich unterhalb der Schmerzgrenze dehnt.

1. Beugende Muskulatur

Beugen Sie die Halswirbelsäule 20 Sekunden nach vorne, so weit, dass fast das Kinn auf der Brust liegt. Unterstützend können Sie mit den Händen den Kopf vorsichtig nach vorne drücken.

Die neuen, größeren PC-Bildschirme führen zur erhöhten Störungsanfälligkeit für Halswirbelsäulenprobleme, weil die Tische noch tiefer als normal sind.

2. Zur Seite neigende Muskulatur

Aus der aufrechten Haltung neigen Sie den Kopf jeweils 20 Sekunden nach rechts und links. Sie können mit der gegenseitigen Hand den Kopf vorsichtig zur Seite ziehen. Besser ist es aber, wenn Sie den Arm der zu dehnenden Seite hinter den Rücken führen und sich damit an einer Stuhllehne oder dem Türrahmen festhalten. Dadurch erreichen Sie ohne Belastung der Halswirbelsäule eine gute Dehnung der seitlichen Nackenmuskulatur und des Schultergürtels.

3. Zur Seite drehende Muskulatur
Aus der aufrechten Haltung drehen Sie den Kopf je 20 Sekunden nach rechts und links zur Seite. Wie auch bei Übung 2 können Sie das mit der am Kinn angelegten Hand vorsichtig unterstützen. Günstiger ist jedoch auch hier das Festhalten und leichte Gegenziehen mit der Hand auf der zu dehnenden Seite hinter dem Rücken.

Stufe 3: Kräftigung

Bei den Kräftigungsübungen ist wichtig, dass in aufrechter Sitzhaltung die Anspannung gehalten wird.

Alle Übungen sind Anspannungsübungen und werden sitzend in aufrechter Haltung ausgeführt. Halten Sie Muskelspannung und Anpressdruck gegen die Hand immer 8 Sekunden und wiederholen Sie die Übungen 3-mal.

1. Nach vorne beugende Muskulatur
Fassen Sie sich mit einer Hand an die Stirn und drücken Sie 8 Sekunden den Kopf gegen Ihre Hand nach vorne.

2. Nach hinten beugende Muskulatur
Fassen Sie mit beiden Händen an den Hinterkopf und drücken Sie den Kopf 8 Sekunden gegen die Hände nach hinten.

3. Zur Seite neigende Muskulatur
Legen Sie eine Hand flach aufs Ohr, Fingerspitzen nach oben, spreizen den Oberarm ab und heben ihn bis zur Waagerechten an. Nun drücken Sie den Kopf 8 Sekunden gegen die Hand zur Seite. Wiederholen Sie die Übung auf der anderen Seite.

4. Zur Seite drehende Muskulatur
Fassen Sie sich mit der Hand der Gegenseite ans Kinn, wie bei einer Übung zur Kräftigung der nach links drehenden Muskulatur mit der rechten Hand. Versuchen Sie nun, den Kopf gegen den Druck der Hand 20 Sekunden zu drehen.

Brust- und Lendenwirbelsäule

Die Arthrose der Brust- (BWS) und Lendenwirbelsäule (LWS) wird durch belastende Druck- und Schwerkräfte auf die Bandscheiben und Wirbelgelenke ausgelöst. Ungünstige Haltung und schwere körperliche Arbeit sind wesentlich dafür verantwortlich.

Eine der wenigen spezifischen Erkrankungen, die zu einem vorzeitigen Verschleiß der Bandscheiben führen kann, ist der Morbus Scheuermann, der in jungen Jahren auftretende Rundrücken. Er kann jedoch im Jugendalter wirkungsvoll mit einem entsprechenden Aktivprogramm aus Übungen und Sport behandelt werden, um einen ausgeprägten Rundrücken und vorzeitige Bandscheibenschäden zu vermeiden. Die Dauerverbiegung der Wirbelsäule nach hinten (Kyphose) trat früher hauptsächlich bei schwer arbeitenden Heranwachsenden (zwischen 14 und 18 Jahren) auf. Die Ursache für diese Erkrankung, die mitunter zu erheblichen subjektiven Beschwerden führen kann, ist unklar. Diskutiert werden unter anderem Überbelastung und Fehlernährung.

Wer beim Sitzen den Kopf hängen lässt, belastet dadurch die Brust- und Lendenwirbelsäule.

Schwere körperliche Arbeit schädigt die Brust- und Lendenwirbelsäule. Vor allem Jugendliche sollten nicht schwer tragen.

Symptome

Arthrosebeschwerden im Brust- und Lendenwirbelbereich äußern sich anfangs als muskuläre Verspannungen nach belastender Tätigkeit. Sie klingen nach kurzer Schonung wieder ab. Ist die Wirbelsäulenarthrose fortgeschritten, bleiben die Rückenschmerzen auch nachts und verstärken sich je nach Schlafposition gegen Morgen.

Treten ausstrahlende Schmerzen, Gefühlsstörungen (z. B. Kribbeln) oder gar Lähmungen in den Beinen auf, sollten Sie dringend einen Arzt aufsuchen!

Ein Ungleichgewicht zwischen Bauch- und Rückenmuskulatur begünstigt die Entstehung einer Arthrose im Brust- und Lendenwirbelsäulenbereich.

Ursachen

Unfälle und Verletzungen sind selten Ursache für eine Arthrose der Brust- und Lendenwirbelsäule, strukturelle Verletzungen wie Zerreißungen der Bänder oder Brüche der Wirbel können zu einer Instabilität mit folgendem Verschleiß führen.

Ungünstig für die Bandscheiben und Wirbelgelenke wirkt sich die Verlagerung des Körperschwerpunkts durch den Rundrücken aus. Zusätzlich besteht bei dieser typischen Fehlhaltung oft eine Kippung des Beckens nach hinten, die eine so genannte Entlordosierung (Rundung nach hinten) der Lendenwirbelsäule zur Folge hat. Normal ist die Rundung der LWS nach vorne, die so genannte Lordose.

Ein weiterer Punkt ist das häufig vorkommende muskuläre Ungleichgewicht zwischen Bauch- und Rückenmuskulatur, das durch einen dicken Bauch mit verstärktem Hohlkreuz entsteht.

Vorbeugende Maßnahmen

Der häufige Wechsel zwischen verschiedenen Haltungen ist wünschenswert. Es ist unmöglich, jederzeit eine perfekte Körperhaltung einnehmen zu wollen, deshalb sollte man grundsätzlich so oft wie möglich seine Haltung korrigieren, damit die Wirbelsäule entlastet wird.

So stehen Sie richtig

Dynamisch steht man aufrecht und gerade, das Brustbein ist nach vorne gedrückt. Die Schultern werden nach hinten gebracht, ohne sie dabei hochzuziehen, man drückt sie eher nach unten. Die natürliche Lordose wird ohne Hohlkreuz eingenommen. Dadurch kippt das Becken automatisch nach vorne in eine aufrechte Position und die Hüftgelenke werden gestreckt. Der Körperschwerpunkt liegt hinten in der Mitte des Körpers – die Wirbelsäule wird gleichmäßig belastet.

Das Gewicht verlagern

Zur Entlastung der Wirbelsäule beim Stehen sollte man wiederholt das Gewicht vom rechten auf das linke Bein und wieder zurück verlagern.

Wechseln Sie vom Fersen- in den Ballen- oder Zehenspitzenstand und spannen Sie dabei wiederholt die Waden- und Gesäßmuskeln an.

Generell gilt, dass Stehen für die Wirbelsäule weniger belastend ist als Sitzen. Dies gilt natürlich nicht für stundenlanges Stehen.

Die beliebten Sit-ups stärken die Bauchmuskeln, allerdings sollte dabei die Lendenwirbelsäule auf dem Boden aufliegen bleiben.

EINE KRÄFTIGE BAUCHMUSKULATUR STÜTZT

Die Stabilisierung der LWS erfolgt einerseits durch das Anspannen der Rückenstreckmuskulatur, die von den Brustwirbeln über die Lendenwirbel bis hin zum Becken und dem Kreuzbein zieht. Andererseits wird die LWS aber auch von vorne durch die Bauchmuskulatur und die dazwischen liegende Luftblase mit den Bauchorganen, dem Zwerchfell als die obere Grenze und dem Beckenboden als die untere Grenze, gestützt.

Dadurch wird deutlich, wie wichtig eine spezielle Kräftigung der Rücken- und Bauchmuskulatur ist.

Übergewicht begünstigt Arthrose. Eine vernünftige Ernährungsumstellung kann daher auch eine sinnvolle Arthrosevorbeugung sein.

So sitzen Sie richtig

Achten Sie beim Sitzen unbedingt auf eine ausreichende Sitzhöhe. Richtig ist sie, wenn die Rückseiten der Oberschenkel bequem auf der Sitzfläche aufliegen und am Stuhlrand nicht gequetscht werden. Die Sitzfläche sollte zur Erleichterung der aufrechten Beckenhaltung leicht nach vorne gekippt sein oder Sie legen einen Sitzkeil unter. Doch darf dabei kein verstärktes Hohlkreuz erzeugt werden. Die Rückenlehne sollte leicht nach hinten geneigt und nicht zu kurz sein (etwas höher als die Schulterblätter).

Entlasten Sie Ihren Rücken

Bei einer vorwiegend sitzenden Beschäftigung sollte man während der Arbeit nach konzentrierter Tätigkeit alle zwei Stunden Dehnübungen durchführen.
Selbstverständlich gelten auch für die Wirbelsäule die allgemeinen Grundsätze zur Vorbeugung von Arthrose:

- Übergewicht reduzieren
- Regelmäßiger Wechsel zwischen belastenden und entlastenden Tätigkeiten
- Wärmezuführung (Heizdecke)
- Heben schwerer Lasten vermeiden
- Heben immer nahe am Körper
- Bücken mit geradem Rücken, senkrecht in die Hocke gehen

Übungen

Stufe 1: Muskelerwärmung und -lockerung

Drehen Sie den Oberkörper im Sitzen oder Stand ohne Nachfedern 8-mal abwechselnd nach rechts und links. Dann neigen Sie den Oberkörper ebenfalls ohne Nachfedern je 8-mal nach rechts und links zur Seite. Vermeiden Sie jedoch das Überstrecken nach hinten.

Das Vornüberbeugen im Stehen mit durchgestreckten Beinen sollte nur der Entspannung dienen.

Stufe 2: Dehnung

1. Bauchmuskulatur

Legen Sie sich auf den Rücken, die Arme nehmen Sie nach hinten über den Kopf. Strecken Sie sich 20 Sekunden richtig aus. Räkeln Sie sich ausgiebig und verschieben Sie den Oberkörper leicht nach rechts und links.

Alternative

Setzen Sie sich auf die Unterschenkel und stützen Sie sich mit den Armen hinter dem Rücken ab. Strecken Sie den Körper besonders in den Hüftgelenken und beugen Sie sich langsam 20 Sekunden nach hinten. Dadurch können Sie den Dehnreiz in Ihrer Bauchmuskulatur wirkungsvoll steuern. Vermeiden Sie aber eine übermäßige Hohlkreuzbildung, da dies zu einer Überlastung der kleinen Wirbelgelenke und Überdehnung des vorderen Längsbandes der Wirbelsäule führt.

Der Haltungsfehler Hohlkreuz kann mit der Zeit zu erheblichen Beschwerden im Lendenwirbelsäulenbereich führen.

Richtiges Heben beugt Bandscheibenvorfällen und späterer Arthrose vor.

NIE DIE WIRBELSÄULE NACH HINTEN DEHNEN!

Übungen, bei denen das vordere Längsband der Wirbelsäule aufgedehnt wird, sollten Sie niemals durchführen. Dazu gehört das Überstrecken von Kopf und Oberkörper nach hinten und z.B. die Ausführung der so genannten Brücke aus der Rückenlage.

2. Rückenstreckmuskulatur

Setzen Sie sich auf den Boden, die aufgestellten Beine sind leicht angewinkelt. Dann beugen Sie den Oberkörper nach vorne, greifen mit den Armen von innen nach außen um die Unterschenkel und stecken den Kopf 20 Sekunden zwischen die Beine. Durch die Ausbildung eines Rundrückens entsteht ein Dehnreiz in der Rückenstreckmuskulatur.

Diesen dehnenden Katzenbuckel-Rundrücken können Sie auch erzeugen, wenn Sie sich auf einen Stuhl setzen, sich nach vorne beugen und den Kopf zwischen die Beine stecken. Die Arme werden zur Dehnung der Lendenwirbelsäulenmuskulatur gestreckt nach hinten angehoben, die Handflächen zeigen zur Decke.

Ein Rundrücken bildet sich als Sitzschaden durch das Missverhältnis zwischen nach vorne gebeugter Wirbelsäule und der aufrichtenden Kraft der Rückenstreckmuskeln.

Alternative

Sie sitzen auf dem Boden und stellen das linke Bein durch Kniebeugung an und setzen es über dem rechten Bein neben der Außenseite des rechten Kniegelenks auf. Dann drehen Sie Ihren Oberkörper in die entgegengesetzte Richtung, hier also nach links, und halten die Dehnung der Rückenstreckmuskulatur 20 Sekunden. Führen Sie die Übung spiegelbildlich auch in die andere Richtung aus.

3. Breite und seitliche Rückenmuskulatur

Sitzen oder stehen Sie aufrecht, vermeiden Sie ein Hohlkreuz. Dazu gehen Sie eventuell leicht in die Knie- und Hüftbeugung.

Führen Sie den Arm hinter den Nacken und fassen Sie ihn mit der anderen Hand. Nun neigen Sie sich in Richtung der Gegenhand zur Seite und ziehen mit dieser unterstützend am angehobenen Arm hinter dem Nacken. Hierdurch entsteht unterhalb des angehobenen Arms ein Dehnreiz in der seitlichen und breiten Rückenmuskulatur, den Sie 20 Sekunden halten. Die Übung in beide Richtungen ausführen.

Sitzen auf großen Gymnastikbällen ist deshalb von Vorteil, weil der Sitzende sich ständig die richtige Position erkämpfen muss und nicht statisch auf dem Gesäß ruht.

Stufe 3: Kräftigung

1. Bauchmuskulatur

Sie liegen auf dem Rücken, winkeln die Beine durch Heranziehen an und setzen die Füße auf den Fersen auf, indem Sie die Fußspitzen anziehen. Heben Sie nun Kopf und Oberkörper wenige Zentimeter an und beugen beide Arme leicht im Ellbogen. Schieben Sie dann mit den Händen, die nach oben abgewinkelt sind, und mit gestreckten Fingern einen imaginären Widerstand nach unten in Richtung der Beine weg. Halten Sie diese Anspannung 8 Sekunden.

Alternative

Sie liegen auf dem Rücken und winkeln die aufgestellten Beine an. Oder Sie legen die Unterschenkel auf eine Bank/einen Stuhlsitz. Sie dürfen die Füße aber nicht einhängen und als Gegenhalt benutzen, da sonst nicht die Bauch-, sondern die Hüftbeugemuskulatur angespannt wird.

Rollen Sie nun den Oberkörper 8-mal durch leichtes Anheben ein. Die Arme bleiben seitlich neben dem Körper liegen, nicht abstützen. Sie können auch die Hände hinter dem Nacken verschränken, drücken Sie aber beim Anheben des Oberkörpers nicht gegen Nacken oder Kopf.

Zur Kräftigung der schrägen Bauchmuskulatur führen Sie diese Übung je 8-mal nach rechts und links so aus, dass Sie mit dem rechten Unterarm den linken Oberschenkel, mit dem lin-

Um bei den Übungen eine Hohlkreuzposition zu verhindern, legt man am besten ein Kissen oder eine zusammengelegte Decke unter.

ken Unterarm den rechten Oberschenkel berühren. Die Hände müssen hierzu hinter dem Nacken verschränkt sein.

2. Rückenstreckmuskulatur
Sie liegen auf dem Bauch und versuchen zunächst die Grundspannung der Rückenmuskulatur zu üben. Legen Sie zur Vermeidung einer verstärkten Hohlkreuzbildung ein festes Kissen oder eine zusammengelegte Decke unter den Bauch. Die Hände legen Sie bei ausgestreckten Arme auf das Gesäß. Sie spannen nun die Bauchmuskeln an und kneifen Ihre Gesäßmuskeln zusammen. Die Fersen schieben Sie nach hinten weg. Den Kopf heben Sie leicht an und recken ihn nach vorne, ohne ihn dabei zu sehr nach hinten zu überstrecken. Halten Sie diese Position 8 Sekunden. Sie steigern die Wirkung, wenn Sie die Hände vom Gesäß etwas anheben.

Bleiben Sie in der Bauchlage und legen Sie die Hände vor der Stirn mit abgespreizten Ellbogen auf den Boden. Das Kinn bleibt ständig auf der Brust, damit es durch eine Über-

Variation zur Übung für die Rückenstreckmuskulatur: Sie können die Hände auch hinter dem Kopf verschränken.

REGELMÄSSIG ÜBEN

Wenn Sie die Übungen regelmäßig durchführen – am besten täglich ein kleines Programm –, werden Sie bald eine deutliche Besserung der Rückenbeschwerden feststellen. Ebenso mindern die Übungen die durch Verschleiß verursachten Bewegungseinschränkungen.

streckung der Halswirbelsäule nicht zu Nackenbeschwerden kommt. Heben Sie nun den Oberkörper 8-mal leicht an, ohne dass ein Hohlkreuz entsteht.

Alternative

Nehmen Sie den Fersensitz ein und strecken Sie den Oberkörper und die Arme gerade nach oben. Dann beugen Sie den gestreckten Oberkörper und die Arme langsam durch Abbiegen der Hüftgelenke nach vorne und halten diese Position 8 Sekunden. Anschließend verlagern Sie den angespannten Oberkörper wieder langsam in die Ausgangsstellung. Dabei bleiben Sie im Fersensitz.

Es bringt wenig, wenn man nach Lust und Laune ab und zu mal übt. Wichtig ist die Kontinuität des Trainings.

3. Breite Rückenmuskulatur

Begeben Sie sich in Bauchlage und schieben Sie sich ein festes Kissen unter den Bauch. Dann legen Sie die Arme in U-Form neben den Körper, Ellbogengelenke sind rechtwinklig gebeugt, die Handrücken liegen auf dem Boden neben dem Kopf. Bauen Sie 8 Sekunden eine Grundspannung auf, indem Sie gleichzeitig beide Arme ca. 10 Zentimeter anheben und die Schulterblätter in Richtung Brustwirbelsäule zusammenschieben. Sie steigern die Effektivität, indem Sie zusätzlich mit Ihren Armen Bewegungen wie beim Brustschwimmen ausführen. Überstrecken Sie aber den Hals nicht, sondern lassen Sie das Kinn auf der Brust ruhen.

Kreuz-Darmbein-Gelenke

Eine Arthrose der Kreuz-Darmbein-Gelenke ist sehr selten, meist verklemmt sich das Gelenk durch eine zu hohe Last und verursacht dann Kreuzschmerzen.

Die zwei Kreuz-Darmbein-Gelenke stellen das Bindeglied zwischen Wirbelsäule und Becken dar und sind dadurch sehr hohen Belastungen ausgesetzt. Das Kreuzbein sitzt wie ein V im Becken und lässt nur geringe Bewegungen zu. Es ist mit der Lendenwirbelsäule durch die letzte Bandscheibe zwischen dem fünften Lendenwirbelkörper und dem ersten Sakralwirbelkörper verbunden. Die letzte Bandscheibe, wie auch die darüber liegende, ist wegen der hohen Belastungen am häufigsten von Verschleißerscheinungen betroffen.
Eine ausgeprägte Arthrose des Kreuz-Darmbein-Gelenks findet sich selten, öfter sind hingegen Blockierungen. Das eigentlich sehr straffe Gelenk verklemmt sich beispielsweise durch Überbelastung, Fehlhaltung der Lendenwirbelsäule und des Beckens oder ruckartige Bewegungen beim Bücken oder Strecken.

Symptome

Typisch, auch im Frühstadium, sind tief sitzende einseitige Kreuzschmerzen. Sie treten vorzugsweise belastungsabhängig nach schwerer körperlicher Arbeit oder spontan nach ruckartigen Bewegungen auf.
Oft werden die Beschwerden des unteren Rückens der Lendenwirbelsäule zugeordnet und daher mit Beschwerden der Bandscheiben verwechselt.
Gelegentlich strahlen die Schmerzen sehr unangenehm in Pobacken oder Oberschenkel aus.

Vorbeugende Maßnahmen

Am wirksamsten ist die Einhaltung der Grundsätze einer korrekten dynamischen Haltung im Sitzen und Stehen, wie wir sie schon bei den vorangegangenen Teilkapiteln kennen gelernt haben.

Übungen

Sie sind auch als zusätzliche Bewegungsabfolgen für die Hüftgelenke und die Lendenwirbelsäule zu empfehlen.

Stufe 1: Muskelerwärmung und -lockerung

Stehen Sie in aufrechter Körperhaltung. Drehen und neigen Sie den Oberkörper je 8-mal nach rechts und links. Anschließend pendeln Sie nacheinander mit jedem Bein in Achterschleifen, ebenfalls 8-mal pro Seite.
Zur Entspannung beugen Sie den Oberkörper locker vornüber und schütteln ihn ungefähr 20 Sekunden leicht aus. Die Beine sind dabei gestreckt.
Wer Kreislaufprobleme hat, sollte die Entspannungsübung nicht machen (Gefahr von Blutdruckschwankungen).

Stufe 2: Dehnung

1. Aushängen der Gegenseite

Legen Sie sich bäuchlings so auf eine Tischkante, dass das Bein der gesunden, weniger schmerzhaften Seite nach unten hängt. Nehmen Sie ein festes Kissen unter den Bauch. Entspannen Sie sich nun völlig, mindestens 60 Sekunden. Durch das Gewicht des nach unten hängenden Beins wird das gegenseitige Kreuz-Darmbein-Gelenk gedehnt, Blockierungen lösen sich.

BEIM CHIROPRAKTIKER

Sollten Ihnen die Dehnübungen keine Linderung akuter oder chronischer Beschwerden bringen, suchen Sie einen erfahrenen Chirotherapeuten auf. Wenn eine entsprechende Blockierung vorliegt, kann er mit speziellen Techniken das Kreuz-Darmbein-Gelenk wieder in die richtige Stellung bewegen. Das führt oft zu einer sofortigen und deutlichen Schmerzlinderung.

Die Chiropraktik sieht die Ursache von Krankheiten aller Art in der Schädigung der Nervenwurzeln durch verschobene Wirbel.

2. Eigendrehung
Legen Sie sich ausgestreckt auf den Rücken und winkeln Sie das Bein auf der schmerzhaften Seite an. Falls möglich, heben Sie den Fuß des angewinkelten Beins über das gestreckte Kniegelenk der Gegenseite und setzen den Fuß neben der Außenseite des Kniegelenks auf. Nun lassen Sie das angewinkelte Bein zur weniger schmerzenden Seite abkippen und entspannen sich mindestens 60 Sekunden völlig. Oberkörper und Schultern bleiben auf dem Boden.

Stufe 3: Kräftigung

Der Vierfüßlerstand gilt allgemein als günstige Position, um Verspannungen auszugleichen. Auf allen Vieren sieht die Welt jedenfalls einfacher aus.

Muskelkräftigung und Beckenstabilisierung durch Vierfüßlerstand
Begeben Sie sich in den Vierfüßlerstand. Wichtig ist, den Rücken durch Anspannen der Bauch- und Gesäßmuskulatur gerade zu halten.
Strecken Sie ein Bein 8-mal gerade nach hinten, heben es aber nicht über die Horizontale an. Ziehen Sie gleichzeitig die Fußspitze an und strecken Sie den Kopf gerade nach vorne aus,

Lassen Sie bei der Übung Eigendrehung (Stufe 2) den Oberkörper und die Schultern unbedingt auf dem Boden.

ohne ihn in der Halswirbelsäule nach hinten zu überstrecken. Sie können diese Übung auch als Anspannungsübung 8 Sekunden halten. Sie steigern den Kräftigungseffekt, wenn Sie den Arm der Gegenseite des gestreckten Beins ebenfalls nach vorne anheben und strecken, also beispielsweise das rechte Bein und den linken Arm.

Vermeiden Sie das Einknicken im Becken und in der Lendenwirbelsäule nach unten, damit kein Hohlkreuz entsteht. Fehlt Ihrer Rumpfmuskulatur die Kraft zur Stabilisierung von Rücken und Becken in gerader Linie, legen Sie sich mit dem Bauch zunächst auf einen Gymnastikball oder eine Stuhlfläche. Stützen Sie sich aber trotzdem auf Händen und Knien im Vierfüßlerstand ab und führen Sie die Übung wie oben beschrieben durch.

Die richtige Schlafposition ist bei Arthrose von großer Wichtigkeit. Das Unterlegen von Kissen oder Polstern ist schädlich, da sich dadurch die Muskeln verkürzen.

So liegen Sie richtig – Schlafposition bei Arthrose

Eine spezielle Lagerung ist bei Gelenkarthrose an Armen und Beinen nicht erforderlich. Auch wenn sie als sehr angenehm empfunden werden, sollten unterstützende Polsterungen nur kurzfristig – höchstens zwei Wochen – erfolgen. Das Unterlegen eines Kissen unter die Kniegelenke wäre auf Dauer sogar schädlich, da sich dadurch die Beugemuskeln der Hüft- und Kniegelenke verkürzen und eine vollständige Streckung nicht mehr möglich wäre. Fehlbelastungen und verstärkte Beschwerden wären die Folge.

Entlastende Lagerung

Im akuten Schmerzstadium empfiehlt es sich, die Lendenwirbelsäule durch die so genannte Stufenlagerung zu entlasten. Dabei wird in den Hüft- und Kniegelenken rechtwinklig gebeugt und die Unterschenkel werden auf einem Schaumstoffblock gelagert. Dadurch gleicht sich die vermehrte Beckenkippung nach vorne aus und die Hohlkreuzstellung der

WELCHE MATRATZE IST GUT FÜR DEN RÜCKEN?

Eine Matratze sollte nicht zu hart sein und die anatomische Ausbiegung der Lendenwirbelsäule in Rückenlage durch ein leichtes Einsinken des Gesäßes und der Brustwirbelsäule ermöglichen. Bei einer weichen Matratze dagegen hängt das Gesäß durch, was zu einer belastenden und schädlichen Ausbiegung der Lendenwirbelsäule nach hinten führt. Die ideale Matratze ermöglicht in Seitenlage ein leichtes Einsinken des Gesäßes und der Schulter. Dadurch bleibt die Wirbelsäule insgesamt gerade und entspannt.

Lendenwirbelsäule wird vermindert, außerdem entlastet diese Lage die kleinen Wirbelgelenke.

Da diese Lagerung bei starken Schmerzen nicht immer als angenehm empfunden wird, ist die Position, die am wenigsten Schmerzen verursacht, ebenso erlaubt und möglich.

Entlastung der Halswirbelsäule

Anatomisch geformte Spezialkissen aus dem Sanitätsfachhandel sind zwar gewöhnungsbedürftig, entlasten aber die Halswirbelsäule effektiv.

Für eine optimale Entlastung der Halswirbelsäule in Rücken- wie auch Seitenlage sorgen anatomisch geformte Spezialkissen, die im Sanitätsfachhandel erhältlich sind. In Rückenlage wird dabei der Kopf leicht angehoben, so dass die Halswirbelsäule in einer entlastenden leichten Ausbiegung und Beugung nach vorne eingestellt ist. In Seitenlage sollte die Höhe des Kissens dem individuellen Abstand zwischen der Schulter und dem Ohr entsprechen (meist 8 bis 12 Zentimeter), damit die Halswirbelsäule nicht seitlich abknickt.

In der Halbseiten- oder Bauchlage sollte der Brustkorb durch ein kleines Kissen leicht angehoben werden. In Bauchlage nie das Kopfteil anheben oder ein zusätzliches Kissen unterlegen, sonst wird die Halswirbelsäule nach hinten überstreckt.

HWS im Alltag

Der 35-jährige Jörg B. hatte nach einem Sturz von der Bühne Probleme mit der Halswirbelsäule bekommen. Er klagte ständig über starke Schmerzen und bekam Spritzen – ohne eine immens hohe Dosis von Schmerzmitteln konnte er nicht mehr zur Arbeit gehen. Massage half bei dem Patienten nur vorübergehend. Heute geht er alle zwei Wochen zu einer Krankengymnastin, die ihn bei Übungen anweist. Seither fühlt sich der inzwischen 44-Jährige meist schmerzfrei – jedenfalls scheint die Gefahr einer beginnenden Arthrose gebannt zu sein.

Die 40-jährige Silvia H. arbeitet als Sekretärin. Durch das dauernde Sitzen in angespannter Schreibhaltung bekam sie Schwierigkeiten in der Halswirbelsäule. Ein Ergotherapeut zeigte ihr, wie man sich den Arbeitsplatz am Schreibtisch so einrichtet, dass die Sitzhöhe und -haltung stimmt. Dennoch macht sie zwischendurch Dehnübungen.

Regelrechte HWS-Arthrosen werden oft durch Schleudertrauma bei einem (Auffahr-)Unfall eingeleitet. Der Kopf quetscht die Bandscheibe und im Extremfall kommt es zur Fraktur.

Arthrosen an der Halswirbelsäule sind oft eine Folge von Auffahrunfällen oder Verletzungen, bei denen die Bandscheiben gequetscht wurden.

Die richtige Schlafhaltung und eine gute Matratze können Rückenschmerzen vorbeugen.

Alternative Behandlung der Arthrose

Vernünftig betriebenes Fitnesstraining hält vital.

Im Folgenden sollen verschiedene Therapiemethoden kurz vorgestellt werden. Sie bilden zwar wichtige Bausteine in der Behandlung der Arthrose, das Ziel ist aber immer eine aktive Mitarbeit und Eigeninitiative des Betroffenen sowohl in der Vorbeugung als auch in der Behandlung der akuten und chronischen Arthrose durch die einzelnen Teile des Bewegungsprogramms.

Fitnesstraining

Ein Fitnessprogramm, das auf das Alter des Patienten abgestimmt sein muss, ist empfehlenswert. Selbst in fortgeschrittenem Alter kann man seinen Körper in Schwung bringen, auch wenn man vorher nicht sehr aktiv gewesen ist. Das Ziel ist dabei eine Steigerung der Leistungsfähigkeit des Herz-Kreislauf-Systems und damit des allgemeinen Wohlbefindens.

Wie groß darf die Belastung sein?

Die Herzfrequenz gibt die individuelle Belastbarkeit für das aktive Anti-Arthrosetraining vor. Weniger kann manchmal mehr sein.

Grundsätzlich ist zu beachten: »Weniger ist mehr, dafür lieber häufiger üben.« Als Maß der gesundheitsfördernden Belastbarkeit gilt die individuelle Herzfrequenz. Die maximale Herzfrequenz sollte ca. 200 Herzschläge pro Minute minus Lebensalter betragen. Das bedeutet für einen 55-Jährigen: 200 abzüglich 55 ergibt die maximale Herzfrequenz von 145 Schlägen pro Minute.

Will man möglichst viel Fett verbrauchen und das Herz-Kreislauf-System stärken, muss man von der maximalen Herzfrequenz noch einmal 40 abziehen – die so ermittelte Herzfrequenz darf um 10 Schläge nach oben oder unten schwanken. Ein 55-Jähriger sollte also ein Ausdauertraining in einem Bereich zwischen 95 bis 115 Schlägen pro Minute durchführen. Wer untrainiert ist und das dreißigste Lebensjahr überschritten hat, spricht am besten vor dem Fitnesstraining mit seinem Hausarzt die ideale Belastungsintensität ab.

Der Blutstrom umfließt jedes Gelenk. Der Knorpel saugt aus dieser Flüssigkeit aufbauende Stoffe, wodurch klar wird, dass auch die Ernährung bei der Arthrosetherapie eine Rolle spielt.

Ernährung

Den positiven Effekt körperlicher Betätigung kann man durch eine ausgeglichene, ballaststoffreiche Ernährung unterstützen. Eine spezielle Diät oder Ernährung bei Arthrose ist wissenschaftlich nicht belegt; eine normale Mischkost mit vermehrtem Anteil an Gemüse und Obst ist zu bevorzugen. Da Fleisch einen höheren Anteil an Fett enthält, sollte man insbesondere Schweinefleisch nur begrenzt essen. Auch Alkohol darf nur in Maßen getrunken werden.

SO MESSEN SIE IHRE HERZFREQUENZ

Die Messung der eigenen Herzfrequenz kann jeder an der Schlagader im Beugebereich des Handgelenks oder am Hals neben dem Kehlkopf vornehmen. Mit dem Zeigefinger tastet man die Pulsschläge und zählt 15 Sekunden lang mit. Diese Anzahl wird mit vier multipliziert; so erhält man die Herzfrequenz pro Minute. Sind es z. B. 21 Schläge in 15 Sekunden, rechnet man 21 mal 4, das ergibt 84 Schläge pro Minute.
Die einfachere und auch genauere Methode ist die Messung mit einem Pulsmesser (etwa ab ca. 120.- DM im Sanitätsfachhandel erhältlich). Darauf kann man die Herzfrequenz ablesen. Dieses System funktioniert sogar im Wasser beim Schwimmen.

Mit vitamin- und mineralstoffreicher Ernährung vorhandenes Übergewicht reduzieren.

Übergewicht kann man neben einer Diät durch regelmäßiges Training von mindestens 20 Minuten 3-mal wöchentlich abbauen. Wichtig ist die Kombination von Diät und zusätzlichem Fitnessprogramm, denn sonst nimmt man die abgehungerten Pfunde bald wieder zu. Durch eine gleichzeitige sportliche Betätigung wird das überflüssige Fett verbraucht, und die Erfolge einer ausgewogenen Diät sind dann von Dauer.

Physikalische Therapie

In Gewebeteilen, wo durch Fettablagerung das Fließen der Nährstoffe ins Stocken geraten ist, kommen leichter rheumatische Prozesse in Gang.

Zur Physikalischen Therapie gehören im Wesentlichen Krankengymnastik, Ergotherapie, Massage, Lymphdrainage, Wasserbehandlung, Kälte- und Wärmetherapie sowie Elektrotherapie mit niederfrequentem Reizstrom.

Krankengymnastik

Eine gezielte Krankengymnastik hat viel Ähnlichkeit mit den in diesem Ratgeber beschriebenen Übungen zur Muskeldehnung und Kräftigung. Sie bietet jedoch Vorteile gegenüber dem eigenen Üben zu Hause, da man im Krankengymnasten einen kompetenten Partner hat, der die Übungen jederzeit korrigieren und damit eine falsche Ausführung vermeiden kann. Außerdem kann Ihnen der Therapeut Hilfestellung und Unterstützung bei schwierigen Übungen geben.

Massage

Mit dieser therapeutischen Maßnahme können gezielt verschiedene Schichten unter der Hautoberfläche angegangenen werden. So werden schmerzhafte Problemzonen in der direkt unter der Haut liegenden Bindegewebsschicht durch Bindegewebsmassage oder in der tiefer liegenden Muskulatur durch detonisierende, klassische Massage behandelt. Bei der Bindegewebsmassage sollen besonders im Bereich der Wirbelsäule reflektorische Vorgänge im Nervensystem angeregt werden.
Da es sich bei der Massage im Allgemeinen um eine passive Maßnahme handelt, die in der Regel Wohlbefinden auslöst, ist diese Behandlungsform sehr beliebt. Doch kann sie nur begleitend und vorübergehend angewendet werden, denn die Dehn- und Kräftigungsübungen sind weitaus effektiver; sie gehören unbedingt zu einer Arthrosetherapie.

Bewegungstherapeutische Verfahren zur Beseitigung von Störungen an den Gelenken sind Aufgabe der Krankengymnastik. Bei der Massage ist der Patient passiv, was weniger günstig ist.

Ergotherapie

Sie ist ein medizinisches Teilgebiet, das sich anfangs mit dem menschlichen Leistungsvermögen bei der Arbeit (griechisch ergon = »Werk«) befasst und die Ergebnisse überträgt. Dieses Verfahren versucht, über veränderte Bewegungsmuster in Arbeit und Freizeit die gestörte Funktion der erkrankten Gelenke zu normalisieren und dauerhafte Funktionsbeeinträchtigungen zu beseitigen. Oberstes Ziel ist der Erhalt oder das Wiedererlangen der größtmöglichen Selbstständigkeit. Dies wird u. a. durch die Schulung gelenkschonenden Verhaltens im täglichen Leben erreicht. Ergotherapeuten beraten ebenso bei der arthrosegerechten Einrichtung der Wohnung.

Kälte- und Wärmetherapie

Behandlung mit Kälte

Bei entzündlichen Zuständen wie der aktivierten Arthrose, der chronischen Polyarthritis oder dem Weichteilrheumatismus wird üblicherweise Kälte angewendet. Sie kann lokal in Form von Eisbeuteln, die in der Apotheke erhältlich sind, oder mit kühlenden Umschlägen erfolgen. Schützen Sie die Haut unbedingt immer durch ein Handtuch, das Sie direkt auf die zu behandelnde Stelle legen.

Bei aktivierter Arthrose mit Überwärmung wird gekühlt, bei chronischer Arthrose kommt Wärme zum Einsatz. Wichtig dabei ist, dass kein Hitzestau entsteht.

Behandlung mit Wärme

Bei der chronischen Arthrose sind Wärmebehandlungen fast immer wohltuend und wirksam. Sie regen, ähnlich wie Lockerungsübungen, die Durchblutung an und machen das Gewebe geschmeidig. Wärme kann man lokal durch Fangopackungen, Heißluft, eine Wärmflasche oder ein Heizkissen einsetzen. Eine Ganzkörperbehandlung erfolgt im warmen Wasser oder in einem Moorschlammbad, das zusätzlich schmerzlindernde Extrakte freisetzt.

Ein warmes Sprudelbad lockert und entspannt verkrampfte Muskeln.

ELEKTROTHERAPIE	
Hochfrequenz-verfahren	Kurzwelle, Ultraschall, Mikrowelle
Wirkung	Gewebeerwärmung, Durchblutungsförderung
Anwendung	Chronische Arthrose, schmerzhafte Kapselschwellungen, Muskel-Sehnen-Reizungen
Mittelfrequenz-verfahren	Interferenzströme nach Nemec, Wymoton- oder Myofeedbackverfahren
Anwendung	Muskelstimulation und aktives Üben von Bewegungen nach Operationen, Nervenverletzungen mit Lähmungen
Niederfrequenz-verfahren	Gleichstromapplikationen (TENS = Transkutane elektrische Nervenstimulation), diadynamische Ströme, Jontophorese, Galvanisation
Anwendung	Schmerzbehandlung bei der aktivierten Arthrose, Impingement-Syndrom der Schulter, chronische Rückenschmerzen, Schulter-Arm-Syndrom

Von den kneippschen Methoden kommen vor allem der Knieguss und der Schenkelguss zum Einsatz.

Badeanwendungen und Wickel

Bewegungsbäder

Sie sind zur Behandlung einer chronischen Arthrose gut geeignet, besonders wenn dem Wasser Zusätze beigemengt werden. Natürliche Mineralthermen wirken schmerzlindernd und entspannend, vor allem Schwefel- und Kohlensäurebäder haben einen günstigen Effekt. Badezusätze, die man zu Hause verwenden kann, sind Kamillenkonzentrat und Heublumen oder die medizinische Intradermi-Fluid-Lösung.

ALKOHOLUMSCHLÄGE

Dazu besorgen Sie sich in der Apotheke 70-prozentigen Isopropylalkohol. Sie verdünnen ihn mit zwei Teilen Wasser, z. B. mischen Sie 50 Milliliter Alkohol mit 100 Milliliter Leitungswasser. Beträufeln Sie ein kleines Küchenhandtuch oder eine Stoffserviette mit der verdünnten Alkohollösung und legen Sie sie auf das schmerzhaft entzündlich gereizte Gelenk. Durch das Verdampfen des Alkohols wird Kälte freigesetzt. Diese Anwendung kann man 4- bis 5-mal am Tag durchführen.

Quarkwickel

Ein altbewährtes Hausmittel sind Umschläge mit Quark. Damit konnte die operative Entfernung manches entzündeten Schleimbeutels verhindert werden. Auch arthrotische Gelenkschwellungen gehen durch die Wickel zurück.

Die Wirkungsweise eines Quarkwickels beruht auf einem Ionenaustausch: Aufnahme und Abgabe organischer sowie anorganischer Stoffe.

Herstellung von Quarkwickeln:

- Gekühlten Magerquark verwenden
- Ein altes Küchenhandtuch oder Papiertaschentuch damit ca. einen Zentimeter dick bestreichen
- Auf das betroffene Gelenk legen und mit einer elastischen Binde fest umwickeln
- Mindestens eine halbe Stunde einwirken lassen

Sie können diese Umschläge 3-mal täglich anwenden. Anstelle von Quark können auch medizinische Pasten verwendet werden, die in der Apotheke erhältlich sind.

Orthopädische Hilfsmittel

Es gibt die Möglichkeit, eine Behandlung von Erkrankungen des Muskel-Skelett-Systems mit maßgefertigten oder konfektionierten Hilfsmitteln wirksam zu unterstützen.

Normalerweise entscheidet der Arzt über ihren Einsatz und man erhält dafür ein Rezept.

Wegen der immer strengeren Kosteneinsparungen im Gesundheitswesen muss der Patient jedoch eventuell einen hohen Eigenanteil zahlen oder sich orthopädische Hilfsmittel sogar auf eigene Kosten besorgen.

Hilfsmittel, die man in Absprache mit dem Arzt bei Arthrose unterstützend einsetzen kann, sind:

- Lagerungsschienen, sie stellen Hand- und Daumensattelgelenk ruhig.
- Bewegungsschienen erleichtern die Bewegung des Kniegelenks.
- Gelenkbandagen halten kranke Gelenke warm.
- Puffernde Fersenpolster dämpfen Stöße und Belastungen beim Gehen.

Medikamente

Da bei Medikamenten die berechtigte Angst vor Nebenwirkungen und Abhängigkeit besteht, lehnen sie viele Menschen ab. Doch im Krankheitsfall muss man Nutzen und Schaden gegeneinander abwägen.

Die allermeisten Medikamente zur Behandlung der Arthrose sind Schmerzmittel. Präparate, die den Knorpel aufbauen, stehen noch in der Entwicklungsphase.

Die wichtigsten Medikamente, die in der Arthrosebehandlung eingesetzt werden, kann man grob in die folgenden Gruppen einteilen:

- Schmerz- und entzündungslindernde Substanzen (NSAR, nichtsteroidale Antirheumatika)
- Opiatähnliche Schmerzmittel
- Kortisonähnliche Präparate
- Knorpelaufbauende Medikamente

Die meisten Wirkstoffe werden in Form von Tabletten, Salben, als Spritzen oder Zäpfchen verabreicht. Sie unterscheiden sich nur darin, wie schnell sie sich im Körper bzw. im betreffenden Gelenk verteilen und konzentrieren.

Entgiftung des Körpers – etwa durch eine Darmsanierung – gehört zu den allgemeinen Methoden, um eine Besserung der Beschwerden zu erreichen.

Schmerzlindernde Mittel

Schmerz- und entzündungslindernde Medikamente haben nach wie vor die umfassendste Wirkung in der Behandlung der akuten und chronischen Arthrose.

Den Opiaten ähnliche Schmerzmittel wie Tramadol oder Valoron sind für sehr starke Schmerzen gedacht. Sie haben weniger Nebenwirkungen als die Antirheumatika und werden oft besser vertragen; einen entzündungshemmenden Effekt haben sie jedoch nicht.

Medikamente mit Kortison

Gegen kortisonähnliche Präparate haben viele Menschen Vorbehalte, weil sie unangenehme Nebenwirkungen befürchten – man sollte sie auch nicht gedankenlos einnehmen. Doch kann die Injektion eines Kortikoids in das entzündete Gelenk bei einer aktivierten Arthrose durch den Arzt eine schlagartige und anhaltende Besserung bringen.

Knorpelaufbauende Arzneien

Die Wirkung der knorpelaufbauenden oder besser knorpelschützenden Medikamente (Chondroprotektiva) ist nach wie vor umstritten. Aber aus vielen klinischen Beobachtungen weiß man, dass durch die Verabreichung dieser Arzneimittel häufig eine Verminderung der Schmerzen sowie Verbesserung der Funktion des kranken Gelenks eingetreten ist.

Manuelle Therapien

Chiropraktik

Hauptanwendungsbereich der Chirotherapie ist neben den Gelenken an Armen, Beinen und dem Schultergelenk insbesondere die Behandlung von schmerzhaften Blockierungen im Bereich von Wirbelsäule und Kreuz-Darmbein-Gelenk.

Derartige Blockierungen entstehen durch Störungen im umge-

benden weichteiligen Muskel- und Kapselgewebe, etwa durch Fehlbelastungen, Unfälle oder Bewegungsmangel. Schmerzen sind die Folge sowie eine verminderte Beweglichkeit mit Einschränkung der Gelenkfunktion. Ein gesundes Gelenk kann diese Blockierungen oft selbst wieder beseitigen, gelingt das jedoch nicht, kann dies das Zeichen einer beginnenden Arthrose sein.
Mit gekonnten Grifftechniken kann der Chirotherapeut diese Blockierungen oft schlagartig beseitigen. Trotzdem sollte zur Vermeidung von erneuten Beschwerden versucht werden, die Ursache herauszufinden und ein entsprechendes Aktivprogramm einzuleiten.

Akupunktur und Akupressur

Im Rahmen dieses Arthroseratgebers soll nur eine Kurzeinführung gegeben werden. Wer mehr über Akupunktur und Akupressur wissen möchte, findet im Fachbuchhandel eine Vielzahl an Literatur zu diesem Thema.
Akupunktur und Akupressur sind Bestandteile der traditionellen chinesischen Medizin. Diese Heilkunde unterteilt den menschliche Körper u. a. in Energieleitbahnen, die Meridiane genannt werden.
Über gewisse Punkte auf den Meridianen kann der Energiefluss im Körper angeregt werden. Ziel dieses Verfahrens ist es, ein harmonisches Gleichgewicht herzustellen. Die Punkte auf den Meridianen können bei der Akupunktur durch Nadeln, bei der Akupressur mit Fingerdruck stimuliert werden.
Auch in der westlichen Schulmedizin wird heute die Technik der Akupunktur bei Arthrosebeschwerden eingesetzt. Dabei steht allein die Schmerzlinderung im Vordergrund. Denn Gelenkverschleiß mit Knorpelabnutzung und schließlich die Zerstörung des Gelenks kann mit Akupunktur natürlich nicht verhindert werden.

Akupunktur beeinflusst durch den Reiz des Einstichs über das vegetative Nervensystem die erkrankte Region. Akupressur setzt an den Akupunkturpunkten an.

Einführung in die Akupressur

Die Akupressur ist bis zu einem gewissen Grad auch als Selbstbehandlung erlernbar.

Für eine Selbstbehandlung mit Akupressur muss man die entsprechenden Akupunkturpunkte kennen. Drücken Sie in kreisenden Bewegungen mit der Kuppe Ihres Daumens, Zeige- oder Mittelfingers ins Zentrum dieses Punktes. Der Druck sollte so groß sein, dass sich das Gewebe unter Ihrem Finger durch das Kreisen mitbewegt. Die Dauer variiert nach individuellem Empfinden und kann zwischen 30 Sekunden und 10 Minuten liegen. Fangen Sie mit einer Minute pro Punkt an. Nehmen Sie sich nicht mehr als fünf Punkte auf einmal vor und behandeln Sie sich jeweils auf beiden Seiten des Körpers. Sie sollten einen Bereich jedoch nicht länger als 15 Minuten behandeln, die Behandlungsdauer aller Punkte sollte zusammen 30 Minuten nicht überschreiten.
Die Akupressurpunkte haben Kurzbezeichnungen (Großbuchstaben und Zahl), die einer Stelle auf einem der Meridiane entsprechen.

Dickdarm (DI 4)

Pressen Sie den Daumen seitlich an den ausgestreckten Zeigefinger. Dabei entsteht eine Muskelwölbung auf dem Handrücken zwischen Daumen und Mittelhand. Am höchsten Punkt dieser Erhebung liegt DI 4. Legen Sie die Daumenkuppe der anderen Hand darauf und entspannen Sie völlig. Drücken Sie den Punkt wie oben beschrieben.

→ Alle Gelenkschmerzen, besonders Beschwerden an Schulter und Ellbogen, Kopfschmerzen

Dickdarm (DI 11)

Winkeln Sie den Ellbogen ganz an, wodurch eine Falte entsteht. An der Außenseite des Arms am äußeren Ende der Falte liegt diese Stelle.

→ Bei Schulter- und Armschmerzen sowie beim Tennisellbogen

Blase (BL 40)
Fassen Sie in die Mitte der Kniekehle, dort befindet sich BL 40.
→ Rückenbeschwerden und Ischiasschmerzen

Niere (NI 3)
Fahren Sie an der Innenseite des Fußes zwischen Innenknöchel und Achillessehne an die dazwischen liegende Vertiefung.
→ Beschwerden im Sprunggelenk

Schmerz und Wohlbefinden sind durch Druck bzw. Massage mit den Fingerkuppen zu beeinflussen.

Lunge (LU 7)
Legen Sie die Daumenkuppe in die Furche zwischen Elle und Speiche, ca. eineinhalb daumenbreit vom beugeseitigen Handgelenkspalt entfernt.
→ Nackenverspannungen und Kopfweh

Gallenblase (GB 34)
Seitlich unterhalb des Kniegelenks in der Vertiefung des Wadenbeinköpfchens.
→ Kniegelenkbeschwerden und Rückenschmerzen

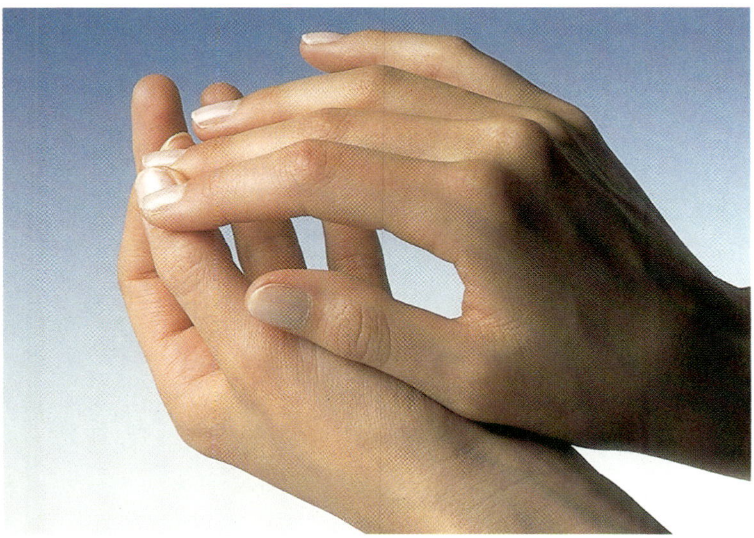

Eigenakupressur kann Schmerzzustände lindern. Versuchen Sie es mit DI 4.

Mit dem eigenen Aufspüren von Abläufen im Körper kann ein Bewusstsein für die fehlerhafte Statik entstehen, was wiederum die Bewegungen und Haltungen verbessert.

Magen (MA 36)
Vier Querfinger unterhalb der Kniescheibe seitlich außen am Schienbeinkopf.
→ Kniebeschwerden

Herz (HE 5)
An der Außenseite Ihres Unterarms, ca. einen daumenbreit vor der Handgelenkfalte.
→ Arm- und Handgelenkschmerzen sowie Kopfschmerzen

Gallenblase (GB 20)
Am Übergang des Hinterkopfs zur Halswirbelsäule, ca. vier Daumen von der Mitte entfernt.
→ Schmerzhafte Nackenverspannungen

Dreifach-Erwärmer (3 E 5)
Gehen Sie vom Handrücken von der Handgelenkfalte aus zwei Daumen in Richtung Ellbogen. Der Punkt liegt in der Vertiefung zwischen Elle und Speiche.
→ Beschwerden an Schulter und Ellbogen

Psychosomatische Therapien

Psychosomatische Therapien, zu denen u. a. das autogene Training und die progressive Muskelrelaxation gehören, dienen einer intensiven Bewusstwerdung des eigenen Körpers und sie haben eine Harmonisierung des inneren Gleichgewichts zum Ziel. Aus diesem Grund werden diese Entspannungstechniken auch immer häufiger in der Behandlung chronischer Schmerzzustände eingesetzt.

Autogenes Training

Dieses Verfahren führt durch erlernbare Konzentrationsübungen zu einer Selbstentspannung. Neben einer Entspannung der Muskulatur können durch den Einsatz des autogenen Trainings Gefühle wie Angst, Sinneswahrnehmungen wie Schmerz, Körperfunktionen wie Blutdruck reduziert und gezielt gesteuert werden. Dies führt indirekt zu einer Leistungssteigerung und durch die Selbsterfahrung zu einer Weiterentwicklung der Persönlichkeit.

Das autogene Training ist zum Selbststudium nicht geeignet; es wird im Gruppenunterricht vermittelt. Kurse werden von Ärzten, in Gesundheitsparks oder von der Volkshochschule durchgeführt.

Autogenes Training entspannt nicht nur die Wirbelsäule, sondern hilft bei vielen psychosomatisch bedingten Erkrankungen.

Übungen

Die Übungen können im entspannten Sitzen oder Liegen durchgeführt werden. Vom Übungsleiter wird stets ein kurzer Satz formelhaft wiederholt, den Sie innerlich nachsprechen.

1. Schwereübung

Fangen Sie mit Ihrer dominanten Seite an, beim Rechtshänder ist das der rechte Arm. »Der rechte Arm ist ganz schwer«. Wiederholen Sie dies innerlich 4- bis 6-mal und schalten Sie dabei vollständig ab. Sie spüren bald eine angenehme Entspannung im rechten Arm, der inzwischen schwer wie Blei geworden ist. Danach konzentrieren Sie sich auf den linken Arm, das rechte und das linke Bein, bis Sie sagen können, »Arme und Beine sind ganz schwer«. Zum Abschluss gilt die Formel: »Ich bin ganz ruhig«, was 2-mal wiederholt wird.

2. Wärmeübung

Damit werden die Gefäße in Armen und Beinen entspannt. Hier lautet der Übungssatz: »Der rechte Arm ist ganz warm«, der ebenfalls langsam 4- bis 6-mal innerlich wiederholt wird. Bald werden Sie ein angenehmes Gefühl der Wärme verspüren. Sie beginnen wieder mit dem rechten Arm und setzen die Reihen-

Sie beenden die Anspannung mit Strecken und Räkeln und öffnen die Augen langsam und bewusst.

folge wie bei der ersten Übung fort, bis Sie sagen können: »Arme und Beine sind ganz warm«. Zum Abschluss der Entspannung sagen Sie sich: »Ich bin ganz ruhig« und lösen sich dann langsam wieder aus der Tiefenentspannung.

Die Tiefenentspannung auflösen

Wenn Sie Ihre Entspannungsübungen beenden, sollten Sie sich wie auch bei den Übungen an einen festen Ablauf halten: strecken, räkeln, tief ein- und ausatmen und langsam die Augen öffnen.

Progressive Muskelrelaxation

Die progressive Muskelrelaxation nach Jacobson ist leichter zu erlernen als das autogene Training. Ziel dieser Tiefmuskelentspannung ist die Muskelanspannung und -entspannung bewusst zu erleben und zu steuern. Diese Methode eignet sich sehr gut zur Behandlung von muskulären Verspannungszuständen, wie sie mit den schmerzhaften Verschleißerscheinungen der Gelenke, besonders der Wirbelsäule, einhergehen.

Mit gezielten Entspannungsübungen, z. B. der progressiven Muskelrelaxation, gegen den Schmerz.

So wird's gemacht

Legen Sie sich am besten in Rückenlage auf den Boden und schließen Sie die Augen. Liegen Sie bequem und atmen Sie ruhig und gleichmäßig ein und aus. Machen Sie sich zuerst alle Muskelgruppen Ihres Körpers bewusst. Konzentrieren Sie sich dann auf die erste Muskelgruppe, z. B. die Beinmuskulatur, und spannen Sie diese langsam und kontinuierlich bis zur Maximalkraft an. Halten Sie dann die Spannung ca. 7 Sekunden und entspannen Sie dann diese Muskelgruppe wieder.
Die Zeit für die Entspannung können Sie zwischen 10 und 40 Sekunden ausdehnen. Wiederholen Sie die Anspannungs-Entspannungs-Übung, bevor Sie zur nächsten Muskelgruppe übergehen. Lösen Sie die Tiefenspannung langsam auf.

Zu den Heilpflanzen, die bei Arthrose eingesetzt werden können, gehört der Beinwell. Wie sein Name (eigentlich »Beinwohl«) andeutet, wirkt er günstig auf Gewebe und Knochen.

Naturheilkundliche Maßnahmen

Bestandteile der Naturheilkunde sind die ganzheitliche Diagnostik und Therapie sowie verschiedene Naturheilverfahren. Die Naturheilkunde ist eine Gegebenheitentherapie, d. h. eine Erkrankung wird nicht nur im Zusammenhang mit dem betroffenen Organ betrachtet, wie in der klassischen Medizin, sondern es wird der Mensch als Ganzes einbezogen: Diagnose und Behandlung kombinieren körperliches, seelisches und geistiges Befinden mit dem privaten und gesellschaftlichen Umfeld des Patienten.

Anregung der Selbstheilungskräfte

Während die klassische Schulmedizin durch Medikamente verschleißbedingte Rückenschmerzen in der Regel wirkungsvoll behandeln kann, werden die tieferen Ursachen einer schmerzhaften Verspannung dabei meist nicht erforscht.
Die Ganzheitsmedizin dagegen versucht, geistige oder körperliche Blockaden zu beseitigen und das innere Gleichgewicht des Menschen wiederherzustellen.

Bei einer Mahlzeit die Frischkost (z. B. Salate, Obst) immer am Anfang verzehren.

SO ESSEN SIE RICHTIG

Nehmen Sie sich ausreichend Zeit und kauen Sie jeden Bissen mindestens 20-mal. Naschen Sie nicht aus Frust oder Ärger; auch Kinder sollten nie mit Süßigkeiten belohnt werden. Stellen Sie Ihren Ernährungsplan auf abwechslungsreiche Kost um, die einfach sein sollte, aber vollwertig.

Gewöhnen Sie sich an feste Essenszeiten, z. B.:

- Mittagessen bis 15 Uhr
- Abendessen bis 19 Uhr

Ein Ziel dieser Behandlung ist es, die Selbstheilungskräfte im Menschen anzuregen. Oft genügen kleinste Reize wie eine Akupunkturnadel oder eine extreme Verdünnung eines homöopathischen Wirkstoffs, um die Regulationskräfte des Körpers in die passende Richtung zu lenken. Da sich jedoch viele Heilungserfolge in der Naturheilkunde auf Erfahrung und nicht auf wissenschaftlich bewiesene Experimente und Studien begründen, ergeben sich hier immer wieder Reibungspunkte mit der Schulmedizin. Inzwischen gehört aber die Naturheilkunde zur Ausbildung junger Mediziner. Rund 80 Prozent der niedergelassenen Ärzte wenden zumindest einzelne Methoden wie etwa die Homöopathie oder die Akupunktur in der Praxis an.

Gesunde Ernährung und regelmäßige Bewegungsübungen lindern Arthrosebeschwerden.

Ernährungstherapie

Eine ganzheitliche Ernährungstherapie ist oft die Grundlage für die Wirksamkeit anderer Naturheilverfahren. Soll eine Umstellung Erfolg haben, muss sie langsam, Schritt für Schritt vor sich gehen und über einen langen Zeitraum befolgt werden.

Empfehlungen zur Ernährung

Regulieren Sie den Eiweißbedarf Ihres Körpers, indem Sie viel Vollgetreide, frisches Obst, Gemüse und Salate essen. Fleisch,

Fisch und Eier sollten Sie nur einmal pro Woche auf Ihren Speiseplan setzen. Reduzieren Sie die Zufuhr von Fett so weit wie möglich – lebensnotwendig sind nur die ungesättigten Fettsäuren Linol- und Linolensäure. Sie sind in kaltgepressten pflanzlichen Ölen, Haselnüssen, Mandeln und Sonnenblumenkernen enthalten. Bevorzugen Sie außerdem Basen bildende Lebensmittel wie frisches Obst, Gemüse, Kartoffeln, Rohmilch, frische Sahne und Jogurt. Raffinierte Zucker sowie Weißmehlspeisen sind zur Deckung des Energiebedarfs nicht erforderlich.

Die essenziellen ungesättigten Fettsäuren müssen dem Körper immer wieder von außen zugeführt werden. Pflanzliche Öle und Nüsse enthalten diese besonders reichlich.

Neuraltherapie

Dieses Heilverfahren spielt in der Behandlung der schmerzhaften Arthrose, besonders wenn sie die Wirbelsäule betrifft, die wichtigste Rolle bei den Naturheilverfahren. Dabei spritzt der Arzt meistens lokal wirkende Betäubungsmittel, um die Regelkreise im Körper zu beeinflussen.

EMPFOHLENE TÄGLICHE ENERGIEZUFUHR PRO KG GEWICHT

	Grundbedarf	Kohlenhydrate	Eiweiß	Fett	Alkohol
Kaloriengehalt* von 1 g		ca. 4 kcal	ca. 4 kcal	ca. 9 kcal	ca. 7 kcal
Erwachsener (Prozent Grundbedarf)	25–30 kcal	2,5–3,5 g (50–60)	0,6–1,0 g (15–20)	0,5–0,8 g (25–30)	0
z. B. bei 80 kg Körpergewicht	2000–2400 kcal	200–280 g	48–80 g	40–64 g	0

* 1 Kilokalorie (kcal) = 4,2 Kilojoule (kJ)

Als Ergänzung wird die Aufnahme von höchstens 200–300 mg Cholesterin sowie mindestens 30 bis 35 g an Ballaststoffen (nicht verwertbare Kohlenhydrate, Faserstoffe) empfohlen. Die Angaben sind nur Anhaltswerte, sie verändern sich durch Einflüsse wie körperliche Arbeit, Sport oder nach Operationen. Fragen Sie Ihren Arzt nach Ihrem individuellen Energiebedarf.

ZUSAMMENSETZUNG EINIGER LEBENSMITTEL						
Lebensmittel (pro 100 g)	Kalorien (in kcal)	Kohlenhydrate (in g)	Eiweiß (in g)	Fett (in g)	Ballaststoffe (in g)	Cholesterin (in mg)
Ei	154	1	13	11	0	101
Käse						
Camembert 50%	342	0	23	28	0	72
Emmentaler 45%	383	0	29	30	0	84
Milchprodukte						
Fettarme M. 1,5%	48	5	3	2	0	5
Vollmilch 3,5%	64	5	3	4	0	11
Jogurt 3,5%	66	4	3	4	0	11
Streich-/Kochfette						
Butter	741	+	1	83	0	250
Margarine	722	+	0	80	0	70
Olivenöl	881	+	0	100	0	10
Getreideprodukte						
Cornflakes	355	79	7	1	4	0
Müslimischung	340	60	10	7	9	0
Nudeln (Vollkorn)	333	60	13	4	10	0
Reis, roh	349	74	7	2	2	0
Brot						
Graubrot	251	51	7	1	3	0
Knäckebrot	358	73	11	2	4	0
Vollkornbrot	239	46	7	1	11	0
Geflügel						
Huhn, Brust	109	+	23	1	0	75

ZUSAMMENSETZUNG EINIGER LEBENSMITTEL

Lebensmittel (pro 100 g)	Kalorien (in kcal)	Kohlenhydrate (in g)	Eiweiß (in g)	Fett (in g)	Ballaststoffe (in g)	Cholesterin (in mg)
Gemüse						
Bohnen, grün	25	3	2	+	5	0
Champignons	15	1	3	+	3	0
Kartoffel, Pell-K.	71	15	2	+	2	0
Kopfsalat	16	2	1	+	2	0
Tomate	19	3	1	+	1	0
Obst						
Apfel, Birne	54	13	+	+	2	0
Banane	95	21	1	+	2	0
Orange	54	9	1	+	2	0
Fisch						
Aal	290	0	16	26	0	164
Seelachs	88	+	18	1	0	70
Fleisch/Wurst						
Kalbsschnitzel	108	+	21	2	0	90
Rindfleisch	159	+	21	7	0	70
Schweinefleisch	176	+	19	10	0	70
Salami	316	0	17	28	0	87
Schinken, gekocht	191	+	20	11	0	70
Getränke						
Apfelsaft	46	12	+	0	+	0
Pilsener	43	3	+	+	0	0

+ = in Spuren nachweisbar

Entscheidend ist generell nicht nur die betäubende Wirkung am Ort der Spritzengabe, sondern die Anregung der inneren Selbstheilungsmechanismen. Mit dem neuraltherapeutischen Verfahren wird versucht, den Kreislauf Schmerz – Muskelverspannung – verminderte Durchblutung – Schmerz wirkungsvoll zu unterbrechen.

Wirksamkeit der Naturheilkunde

Durch eine naturheilkundliche Behandlung lässt sich in vielen Fällen der Schmerzmittelkonsum verringern.

Zusammenfassend lässt sich feststellen, dass die Naturheilkunde ein nahezu zerstörtes arthrotisches Gelenk natürlich nicht wieder verjüngen kann. Häufig lassen sich aber bei einer naturheilkundlichen Behandlung und ganzheitlichen Vorgehensweise in der Bekämpfung von Beschwerden Schmerzmittel reduzieren oder sie können ganz weggelassen werden. Bereits durch eine langsame, aber kontinuierliche Umstellung der Ernährung und die Änderung belastender Lebensgewohnheiten kann ein positiver, harmonisierender Effekt auf das innere Gleichgewicht erzielt werden.

Operative Therapien

Die Entscheidung über eine Operation der Arthrose liegt immer beim Patienten, da es sich niemals um einen Notfall handelt. Grundsätzlich kann eine Arthrose mit den hier beschriebenen konservativen (nicht operativen) Verfahren behandelt werden. Entschließt man sich aber trotzdem zu einer Operation, sollte niemals nur das Röntgenbild alleiniges Kriterium

AUF DEN PATIENTEN KOMMT ES AN!

Der Langzeiterfolg einer Operation hängt nicht allein vom Können des Chirurgen ab. Ausschlaggebend ist auch die krankengymnastisch-physikalische Nachbehandlung, wobei die Mithilfe des Patienten sehr wichtig ist.

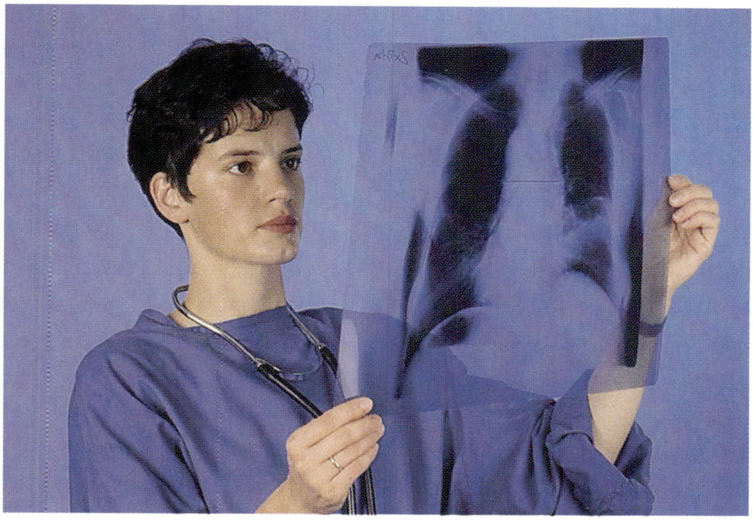

Das Röntgenbild sollte nie einziges Kriterium für eine Operation sein.

dafür sein. Bei einem derart entscheidenden Eingriff sollten auch Intensität und Häufigkeit der Schmerzen, das Alter des Patienten, die zu erwartende aktive Mitarbeit nach der Operation und das allgemeine Operationsrisiko in die Überlegungen einbezogen werden. Zu bedenken sind ebenfalls die ganz normalen Operationsrisiken wie etwa die Infektions- oder Thrombosegefahr.

Man sollte sich zudem darüber bewusst sein, dass auch nach einer erfolgreichen Operation konservative Therapieverfahren unbedingt fortgesetzt werden müssen.

Jeder operative Eingriff bringt ein gewisses Risiko mit sich. In jedem Fall muss hinterher die Krankengymnastik weitergeführt werden.

Operation im Frühstadium

Am Anfang einer Arthrose kann mit einer Operation versucht werden, das Voranschreiten der Erkrankung zu verhindern. So kann etwa ein ausgeprägtes O-Bein durch eine so genannte Umstellungsoperation wieder in die gerade Stellung gebracht werden. Damit wird die Fehlbelastung beseitigt und eine Arthrose des Kniegelenks kann hinausgeschoben, vielleicht sogar verhindert werden.

Die Arthroskopie oder Gelenkspiegelung ist eine endoskopische Untersuchung des Gelenkinnenraumes mit einem optischen Gerät. Der Operateur sieht alles vielfach vergrößert.

Gelenkspiegelung

Im Spätstadium der Arthrose kann man durch eine Gelenkspiegelung (Arthroskopie) zur Diagnose und nachfolgende Maßnahmen eine erstaunliche Verbesserung der Beschwerden erzielen. Der geschädigte Gelenkknorpel kann zwar nicht mehr repariert werden, aber durch Glättung der Gelenkflächen, durch Ausräumen eingeklemmter Knorpelanteile oder Knöchelchen sowie durch Entfernung der entzündeten und geschwollenen Gelenkschleimhaut lässt der Arthroseschmerz oft dauerhaft nach. Am häufigsten wird eine Arthroskopie am Kniegelenk durchgeführt.

Radio-Synoviorthese – Alternative zur Gelenkspiegelung

Wiederholte schmerzhafte Schwellungszustände und Schleimhautentzündungen im Stadium der aktiven Arthrose, insbesondere an den Finger- und Kniegelenken, können unter ganz bestimmten Voraussetzungen durch das Einspritzen einer radioaktiven Substanz beseitigt werden. Dadurch wird die entzündete Schleimhaut regelrecht weggeschmolzen. Bei dieser Behandlungsmethode handelt es sich zwar nicht um eine Operation im eigentlichen Sinne, als Alternative zur Gelenkspiegelung wird die Radio-Synoviorthese jedoch häufig genannt.
Auch diese Methode birgt Risiken, und nur ein erfahrener Arzt sollte darüber entscheiden, ob sie durchgeführt wird oder nicht.

Ersatz des kranken Gelenks

Teilersatz

Wenn kein kompletter künstlicher Gelenkersatz in Frage kommt, ist die Entfernung eines Teils des arthrotischen Gelenks, die so genannte Resektionsarthroplastik, eine weitere Möglichkeit der Behandlung einer Arthrose. Dabei bleibt durch den umgebenden stabilen Kapselbandapparat und die Musku-

LEBENSDAUER EINES KÜNSTLICHEN GELENKS

Die Operationstechnik zur Einpflanzung einer Endoprothese wird ständig weiterentwickelt. Heute geht man davon aus, dass ein solches künstliches Gelenk etwa 15 Jahre lang funktionstüchtig ist.
Eine Wechseloperation ist bei einer Lockerung der Endoprothese ein- bis zweimal möglich. Eine erneuerte Endoprothese hat in der Regel jedoch eine geringere Lebensdauer als die zuerst implantierte. Deshalb wird empfohlen, eine derartige Operation frühestens ab dem 60. Lebensjahr durchzuführen.

latur die Funktion und Gebrauchsfähigkeit des operierten Gelenks weitgehend erhalten und die Schmerzen verschwinden oft schlagartig. Diese Operationsmethode wird mit großem Erfolg beispielsweise am Schultereck-, Daumensattel- oder Großzehengrundgelenk vorgenommen.

Teilweises Ersetzen eines arthrotisch geschädigten Gelenks gelingt am ehesten an den kleinen Gelenken.

Vollständiger Ersatz

Die effektivste, aber auch anspruchvollste Methode ist der künstliche Gelenkersatz, die so genannte Endoprothese. Dabei kann nur eine Hälfte des Gelenks (Hemiprothese) oder das ganze Gelenk (Totalendoprothese, TEP) ersetzt werden.
Ein künstliches Gelenk ermöglicht in der Regel die volle Funktion im Alltag sowie bei vielen Sportarten – allerdings sollten Extrem- und Dauerbelastungen vermieden werden.
Das Hauptproblem einer Endoprothese ist ihre »Haltbarkeit«, die nicht an allen Gelenken zufriedenstellend gelöst ist.
Die größte Erfahrung hat man zwar mit dem Hüftgelenk, doch auch dort müssen innerhalb der ersten zehn Jahre durchschnittlich zehn Prozent der künstlichen Hüftgelenke ausgewechselt werden.

Erfahrungen mit künstlichem Gelenkersatz

Beste Erfahrungen mit dem Einsatz eines künstlichen Gelenkersatzes hat man am Hüft-, Knie- und Schultergelenk. Hier gehört die Endoprothese zu den Standardverfahren in der Arthrosebehandlung. Dagegen sind die Behandlungsergebnisse an Ellbogen-, Hand- und Sprunggelenk wegen der Lockerungen nach wenigen Jahren noch nicht befriedigend. An den Fingergelenken oder dem Großzehengrundgelenk werden zwar endoprothesenähnliche Operationen durchgeführt, sie sind aber nur in Ausnahmefällen zu empfehlen. Die Belastbarkeit dieser Prothesen ist gering, Lockerungen sind häufig.

Der Körper betrachtet Prothesen als Fremdkörper – was sie auch sind. Schon beim Ersatz eines Knorpels muss man mit Abwehrreaktionen rechnen.

Auf jeden Fall muss vor jeder Entscheidung das Gespräch zwischen Arzt und Patient stehen, wobei selbstverständlich die individuell sehr unterschiedlichen Erwartungen und Chancen berücksichtigt werden müssen.

Bei einem neuen Verfahren punktiert man nach einer Arthroskopie den Knorpel an einer Stelle, wo er noch in Ordnung ist, mit einer Hohlnadel. Das gewonnene Knorpelstückchen wird im Reagenzglas gezüchtet und zum Wachsen gebracht. Anschließend kann dieses nachgewachsene Material an der Stelle im Gelenk, die ohne Knorpelmasse war, eingesetzt werden. Die Methode ist noch in der Erprobungsphase.

Der Arzt wird daher niemals allein aufgrund der im Röntgenbild sichtbaren Arthrose zu einem künstlichen Gelenkersatz raten, sondern er wird sich ein Gesamtbild von seinem Patienten verschaffen. Dabei spielen das Alter, der Grad der Schmerzen, der Zustand der Muskulatur und die geplanten Aktivitäten des Patienten eine Rolle. In Ausnahmefällen wird man deshalb auch einem jüngeren Menschen eine Endoprothese empfehlen – gerade, wenn er trotz Schmerzmitteleinnahme und krankengymnastischer Behandlung unter unerträglichen Beschwerden leidet. Eine erfolgreiche Prothesenoperation steigert die Lebensqualität im Privat- und im Berufsleben erheblich.

Wie funktioniert der künstliche Gelenkersatz?

Die moderne Medizin versucht besonders im Bereich des Gelenkersatzes natürlichen Funktionsweisen nahezukommen. Es ist aber bislang noch nicht gelungen, eine Endoprothese zu entwickeln, die dem gesunden Gelenk gleichwertig ist. In der momentan erfolgversprechendsten Operationstechnik werden die verschlissenen Gelenkflächen mit exakten Schablonen zurechtgesägt. Anschließend setzt der Arzt die künstlichen Gelenkflächen wie eine Kappe auf den zugesägten Knochen, oder er steckt die Prothesenteile mit einem Stiel in den hohlen Schaft der Knochen.

Die Endoprothese wird in der Regel aus speziellen Metallen gefertigt, meistens handelt es sich um Chrom-Kobalt- oder Titanlegierungen. Es ist wichtig, vorher abzuklären, ob eine Metallallergie vorliegt. Hinweise hierfür können juckende Hautausschläge unter der Uhr oder Gürtelschnalle sein. Liegt eine Allergie gegen Inhaltsstoffe von Metalllegierungen wie Nickel vor, so sollte mit dem operierenden Arzt die Auswahl der geeigneten Prothese besprochen werden.

Da aus mechanischen Gründen die Beweglichkeit der Metalloberflächen der meisten Prothesen nicht ideal ist, steckt in vielen Modellen ein plastikähnlicher Kunststoff als Gleitfläche und Puffer zwischen den metallenen Gelenkflächen. Das künstliche Gelenk wird ebenso wie das echte Gelenk durch die von der Gelenkschleimhaut produzierte Gelenkflüssigkeit geschmiert. Die Befestigung der Endoprothese im Knochen geschieht entweder mittels eines speziellen acrylharten Knochenzements oder durch das - zementfreie - Einwachsen der Prothese. Zementierte Endoprothesen können meistens sofort nach der Operation voll belastet werden. Daher werden sie insbesondere bei älteren Patienten bevorzugt, um zum Beispiel bei Hüftprothesen eine mühsame, kraftraubende Entlastung des Beins für sechs Wochen an Gehstützen zu vermeiden.

Bevor man sich für einen künstlichen Gelenkersatz aus Metalllegierungen entscheidet, muss überprüft werden, ob eine Metallallergie vorliegt.

Arthrose im täglichen Leben

Arthrose rechtzeitig erkennen und behandeln.

Bereits im Säuglingsalter beginnt die Vorbeugung gegen eine Arthrose der Hüftgelenke. Die Hüftgelenke des Neugeborenen werden mit Ultraschall untersucht, damit z. B. eine mangelhaft ausgebildete Hüftgelenkpfanne rechtzeitig festgestellt wird und der Arzt frühzeitig Behandlungsmaßnahmen einleiten kann.

Früherkennung hilft

Der Orthopäde führt beim Säugling neben der Untersuchung der Hüftgelenke auch eine Untersuchung der Wirbelsäule und der übrigen Gelenke durch. Wird eine Fehlbildung nämlich schon im frühen Lebensalter erkannt, kann durch korrigierende Gipse, Lagerungs- oder Gehschienen sowie krankengymnastische Verfahren viel bewerkstelligt werden. So kann man vielleicht erreichen, dass sich eine Arthrose gar nicht erst entwickelt.

Arthrose bei Kindern und Jugendlichen

Je eher eine Arthrose erkannt wird, desto früher kann mit gezielten physikalischen und krankengymnastischen Behandlungen begonnen werden.

Glücklicherweise sind Kinder und Jugendliche selten von einer Arthrose betroffen. Tritt sie jedoch beispielsweise nach einer Erkrankung an entzündlichem Rheuma (chronische Polyarthritis) auf, ist der Arzt vor große Probleme gestellt.
Man wird sehr lange zögern, eine Operation durchzuführen oder gar einen künstlichen Gelenkersatz einzupflanzen. Die erste Maßnahme wird wohl eine intensive krankengymnastisch-physikalische sowie eine medikamentöse Behandlung der Grunderkrankung sein.

Sport schützt die Gelenke

Gerade für Kinder und Jugendliche ist es von außerordentlicher Bedeutung, dass sie sportlich aktiv sind. Was die Entwicklung von Muskeln und Gelenken betrifft, werden in dieser Zeit die Grundlagen für das spätere Leben gelegt. Wer anfangs nachlässig mit seinem Bewegungsapparat umgeht, ihn nicht durch regelmäßiges Training fordert, läuft Gefahr, später an einer Arthrose der Gelenke oder der Wirbelsäule zu erkranken. Schlechte Körperhaltung und fehlende Bewegungsspiele im Jugendalter können später nicht mehr kompensiert werden. Nicht selten haben heute Kinder bereits im Grundschulalter Schmerzen im zu schwach ausgebildeten und untrainierten Muskel-Skelett-System. Ein Problem, das noch vor wenigen Jahren gänzlich unbekannt war.

Obwohl Sport grundsätzlich der Arthrose vorbeugt, ist bei vielen Extremskifahrern und Tennisspielern über 40 Jahren oft bereits Gelenkverschleiß festzustellen.

Arthrose bei Erwachsenen

Vom Verschleiß der Gelenke, einem normalen Vorgang, der bereits nach der Pubertät allmählich beginnt, ist die Halswirbelsäule zuerst betroffen. Hier kann aber der Einzelne viel tun, damit es nicht zu einer schmerzhaften Arthrose kommt.
Ein regelmäßiges Aktivprogramm, freizeitsportliche Betätigung und ein rückengerechtes Verhalten beugen vor.

RECHTZEITIG ZUM ORTHOPÄDEN

Gehen Sie bei einer arthrotischen Erkrankung unbedingt rechtzeitig zum Orthopäden! Er wird Ihnen die entsprechenden Verhaltensmaßnahmen erläutern und eventuell eine Umstellungsoperation empfehlen. Wenn man nämlich beispielsweise ein O-Bein rechtzeitig korrigiert, hält man eine Kniegelenkarthrose zumindest für einige Jahre auf, vielleicht kann sie dadurch sogar gänzlich vermieden werden.

Stellen Sie Ihr Leben auf die Krankheit ein!

Ein wesentlicher Faktor im Umgang mit der Arthrose im mittleren Lebensalter ist der psychische Aspekt. Viele Menschen fühlen sich mit einer solchen Erkrankung, die ihren Bewegungsspielraum erheblich einschränkt, an den Rand der Gesellschaft gedrängt, weil sie nun in allen Lebensbereichen nicht mehr so leistungsfähig wie früher sind. Hier sollten die Betroffenen versuchen, ihre Beschwerden ernst zu nehmen. Auch am Arbeitsplatz wird es Möglichkeiten und Wege geben, in Zusammenarbeit mit dem Arbeitgeber oder dem Betriebsarzt Lösungen zu finden.

In vielen Sportarten findet man ebenfalls Alternativen, die den Bewegungsapparat geringer belasten. Ziehen Sie die notwendigen Konsequenzen aus Ihrer Erkrankung, stellen Sie aber auch nicht zu hohe Erwartungen an sich.

Arthrose im Alter

Im Unterschied zur Arthrose entsteht Osteoporose infolge verminderter Bildung von Geschlechtshormonen. Die Knochen sind nicht abgenutzt, sondern brüchig; der Markraum ist grobmaschig erweitert.

Gerade im Alter sollte man jede Chance nutzen, durch ein Aktivprogramm, das dem individuellen körperlichen Leistungszustand angepasst ist, die Arthrose in den Griff zu bekommen und dadurch eine Operation zu verhindern. Auch wenn eine Operation der beste Weg zu sein scheint, die Beschwerden zu bessern, ist ihr Ergebnis auch vom Allgemeinzustand des Patienten abhängig.

Ein Aktivprogramm ist in der Vorbeugung und Behandlung der Osteoporose von ebenso großer Bedeutung. Fehlt die nötige Bewegung und wird der weich gewordene Knochen nicht im vernünftigen Rahmen belastet, wird er nicht mehr ausreichend durchblutet, kein Kalzium mehr eingebaut und die stützende und schonende Muskulatur verschwindet. Ist nun durch eine zusätzliche Arthrose des Hüftgelenks ein künstlicher Gelenkersatz erforderlich, so kann die ausgeprägte Osteoporose das implantierte Gelenk verfrüht lockern.

Arthrose und Sport?

Eine klare Antwort auf die Frage, welche Sportart bei Arthrose geeignet ist und welche nicht, kann man nicht geben. Grundsätzlich ist eine freizeitsportliche Betätigung empfehlenswert, wenn man dabei auf seine Krankheit Rücksicht nimmt.

Denken Sie dabei an Folgendes:

- *Wie lange wird die betreffende Sportart schon betrieben?*
  Wer von klein auf Ski fährt, kann sicher besser mit den krankheitsbedingten Einschränkungen umgehen.
- *Ist man Anfänger oder fast ein Profi?*
  Dem Anfänger fällt es womöglich leichter, sich zurückzunehmen; der Profi dagegen hat höhere Ziele und wird gesundheitliche Verschlechterungen kaum in Kauf nehmen.
- *Wird die Sportart regelmäßig im Verein unter Anleitung oder nur hin und wieder ausgeführt?*
  Der Hobbysportler im Verein wird immer mit einem Aufwärmprogramm beginnen und mit dem Trainer das auf ihn abgestimmte Trainingsprogramm durchführen.

Generell kann jede Bewegung, die keine zu große Belastung darstellt oder mit Reibung einhergeht, ausgeübt werden.

Ausgiebiges Stretching vor sportlichen Belastungen ist außerordentlich wichtig.

SPORTARTEN, DIE KRANKE GELENKE AM MEISTEN BELASTEN

Disziplin	Brust-/Schultergürtel	Ellbogen	Hand/Finger	Hüfte	Knie	Sprunggelenk/Fuß/Zehen	Hals-WS	Lenden-WS
Bergsteigen	x		x		x		x	
Bergwandern			x	x	x			
Bodybuilding	x				x			
Boxen			x		x			
Brustschwimmen				x		x		
Fechten		x	x	x		x	x	
Fußball				x	x	x		
Golf	x	x						x
Handball	x	x	x		x	x		
Hockey	x				x	x		
Jogging					x	x	x	x
Kanufahren	x	x		x				
Kraulen	x							x
Radfahren					x			x
Reiten				x				x
Rückenschwimmen	x							
Skifahren				x	x	x		
Snowboard	x				x	x		
Sprungsportarten			x	x	x			x
Surfen	x	x		x				
Tanzen					x	x		
Tauchen	x							x
Tennis	x	x		x		x	x	
Volleyball	x	x		x		x		x
Walking					x	x		
Wurfsportarten		x	x		x			

BELASTUNGEN AKTIV ENTGEGENWIRKEN

Bereitet beispielsweise beim Tennis der Aufschlag wegen einer Arthrose im Schultereckgelenk Schmerzen, führt man entweder vorbereitend die entsprechenden Dehnübungen durch, ändert seine Technik oder versucht, die schmerzhaften Bewegungen zu vermeiden.

Die Bewertung von Sportarten

Bevor man eine Sportart aktiv betreibt, sollte man bedenken, dass durch die Belastung eine Arthrose, die vorher keine großen Probleme gemacht hat, in ein akut-entzündliches Stadium übergehen kann.

- Schwimmen ist sehr gut geeignet: Hier kann man die Belastung selbst regulieren.
- Fußballspielen: Hier kann es zu extremen Belastungssituationen kommen.
- Skifahren: Hier müssen Kniegelenke und Wirbelsäule harte Stöße einstecken.

Wer Arthrose hat und seine Gelenke beruflich stark beansprucht, muss möglicherweise früher in Rente gehen. Die meisten Frührentenanträge werden aufgrund von Gelenkerkrankungen eingereicht.

Arthrose und Beruf

Jede Berufswahl und eine Beratung, wie weit man die Gelenke bei einer Arthrose belasten sollte, ist ähnlich problematisch wie die Wahl der geeigneten Sportart – hier gibt es keine allgemein gültigen Verhaltensregeln.

Kaum jemand hat den nach gesundheitlichen Aspekten ideal gestalteten Arbeitsplatz. Wünschenswert wäre ein häufiger Wechsel zwischen Sitzen, Stehen und Gehen, denn so wird die Belastung auf die unterschiedlichen Gelenke verteilt.

Am Arbeitsplatz

Im Sitzen sind Kniescheiben, Wirbelsäule und noch mehr die Nacken-Schulter-Partie besonders beansprucht. Deshalb soll-

Wenn eine Arthrose im Endstadium vorliegt, sind für den Betroffenen viele alltäglich erscheinende Verrichtungen schwierig oder unmöglich.

te man diese Bereiche im Idealfall stündlich durch Lockerungs- und Dehnübungen entspannen. Dazu kann man sich ein Übungsprogramm zusammenstellen, für das man fünf bis zehn Minuten veranschlagt.
Beim Stehen oder Gehen sind vor allem die Füße, Sprunggelenke, Knie- und Hüftgelenke sowie die Lendenwirbelsäule besonders gefordert. Denken Sie hierbei an rückengerechtes Gehen und Stehen.

Was tun bei Berufsunfähigkeit?

In den meisten Fällen beginnen die von einer Arthrose verursachten Schmerzen erst in der zweiten Lebenshälfte. Dann sind Umschulungsmaßnahmen kaum noch sinnvoll. Soll man daher beispielsweise einem 50-Jährigen mit einer Hüft- und Kniegelenkarthrose zu einem Berufswechsel raten? Oder ihn gleich in Frührente schicken? Eine richtige Entscheidung fällt sehr schwer. Daher kann der Arzt, auch wenn medizinische Gründe dafür sprechen, nicht einfach raten, jede berufliche Anstrengung zu vermeiden. Denn kein Arzt kann die sozialen Konsequenzen, die einem Patienten durch eine derartige Entscheidung entstehen können, übernehmen.

Alternativen suchen

Hier gilt es, gemeinsam mit Arbeitgeber und Betriebsarzt nach Möglichkeiten zu suchen, um die Arbeitsfähigkeit am angestammten Arbeitsplatz – vielleicht mit veränderten Arbeitsbedingungen – möglichst lange zu erhalten.
Sprechen Sie offen mit Ihrem Arzt über Ihre Situation am Arbeitsplatz oder eine berufliche Wiedereingliederung und Änderung der aktuellen Arbeitsbedingungen. Unabhängige Verbände bieten ebenfalls Hilfe bei Arbeitsplatzproblemen oder rechtlichen Fragen an. Hierzu gehören u. a. die Deutsche Rheuma-Liga oder der VDK, der Verband der Kriegs- und Wehr-

dienstopfer, Behinderten und Sozialrentner Deutschlands (Adressen siehe Seite 124).

Gesundheitsprogramme

Manche Arbeitgeber wie auch die Krankenkassen bieten die unterschiedlichsten Gesundheitsprogramme an, darunter Kurse zur Rückenschule oder Ausgleichsgymnastik. Machen Sie von diesen Angeboten Gebrauch und zeigen Sie so Interesse und Bereitschaft, Ihre Gesundheit zu erhalten.

Arthrose und Urlaub

Im Urlaub will man abschalten, Ruhe vom beruflichen Stress finden und neue Kräfte sammeln. Daher empfiehlt es sich für Personen mit Verschleißerkrankungen der Wirbelsäule und der Gelenke, in die Planung ihres Urlaubs folgende Überlegungen einzubeziehen:

Depressive Verstimmungen stellen sich am ehesten bei Bewegungsarmut ein. Aufstehen und raus aus der Wohnung hilft locker zu bleiben.

Welche Unterkunft wähle ich?

- Hotel oder Ferienklub: Hier wird man in der Regel versorgt, auch die An- und Abreise ist organisiert.
- Ferienhaus: Hier ist man Selbstversorger, was zusätzliche Belastungen bedeutet.

In welcher Jahreszeit verreise ich am besten?

- Warmes Klima: Arthrosebeschwerden können in warmen und trockenen Gegenden fast vollständig verschwinden. Baden in warmem Meerwasser sowie gemäßigtes Sonnenbaden haben einen heilsamen Effekt.
- Feuchtes und kaltes Klima unbedingt meiden.

Wie reise ich an?

- Mit der Bahn oder dem Flugzeug: Hier besteht der Vorteil, dass man sich bewegen und umhergehen kann.

- Im Auto: Eine längere Anfahrt mit dem Auto unbedingt vermeiden.

Am Urlaubsort:

- Lassen Sie Ihrem Körper Zeit, sich an die neuen Bedingungen zu gewöhnen.
- Steigern Sie die Intensität der Belastung schrittweise.

Umgang mit der Arthrose

Während sich im Anfangsstadium der Arthrose die Gelenkbeschwerden noch gut kompensieren lassen, können im Lauf der Zeit immer mehr Einschränkungen der Beweglichkeit spürbar werden. Auch hält man Belastungen nicht so lange aus wie andere Menschen, die ebenso alt sind.

In diesem Stadium sollte man versuchen, seine Erkrankung zu akzeptieren und lernen, richtig mit der neuen Lebenssituation umzugehen. Eine erste Hilfe dabei möchte dieser Ratgeber sein. Für weitere Fragen und Problemlösungen im Zusammenhang mit einer Arthroseerkrankung wenden Sie sich am besten an Ihren Hausarzt oder den behandelnden Orthopäden.

Jeder, der Arthrose hat, muss sich letztendlich damit abfinden, mit gewissen Schmerzen zu leben, sofern er nicht ständig Medikamente einnehmen möchte.

Antrag auf Behinderung

Durch eine Arthrose und die damit verbundenen körperlichen Einschränkungen entstehen Nachteile, die rein rechtlich durch die amtliche Anerkennung der Erkrankung als Behinderung ausgeglichen werden können. Mit Unterstützung des behandelnden Arztes kann ein Antrag auf Schwerbehinderung beim zuständigen Versorgungsamt gestellt werden.

Eine Anerkennung als Schwerbehinderter bringt manche Vorteile. Wer beispielsweise noch im Berufsleben steht, genießt als anerkannt Schwerbehinderter einen besonderen Kündigungsschutz; größere Firmen sind sogar verpflichtet, einen Teil der Arbeitsplätze mit Schwerbehinderten zu besetzen.

Abschließend soll jedoch noch betont werden, dass die amtliche Feststellung einer Behinderung in der Hauptsache sozialrechtliche Bedeutung hat. Betroffene sollten sich dennoch nicht als Behinderte fühlen, sondern ihr Leben so gut es geht in der gewohnten Weise weiterführen.

Gerade die letzte Winterolympiade in Nagano hat gezeigt, zu welch guten Leistungen Behinderte in der Lage sind. In den eigens veranstalteten Paralympics zeigte sich der deutsche Behindertensport auf hohem Niveau.

Durch den Schwerbehindertenausweis wird die körperliche Einschränkung selbstverständlich nicht beseitigt. Helfen kann hier nur Eigeninitiative und körperliche Aktivität in Zusammenarbeit mit dem behandelnden Arzt.

Entscheidend ist, dass Sie auch trotz Schmerzen aktiv bleiben. Die Bewegungstherapie ist eine Dauertherapie, um zumindest ein bestimmtes Bewegungsausmaß über einen langen Zeitraum erhalten zu können. Mit der Wassergymnastik in Form eines Bewegungsbades werden gleichzeitig mehrere Therapiefaktoren (Wärme, Wasser, Bewegung) wirksam.

Wer durch Arthrose im Alltag stark eingeschränkt ist, hat möglicherweise Anspruch auf einen Schwerbeschädigtenausweis, der viele Vorteile mit sich bringt.

In warmem Klima bessern sich Gelenkbeschwerden meist.

CHECKLISTE ARTHROSE

Grundsätzlich kann man zwei Arten der Arthrose unterscheiden. Die primäre Arthrose entsteht aus einer Über- bzw. Fehlbelastung der Gelenke (z. B. Leistungssport oder Schwerarbeit) oder als Folge von Bewegungsmangel. Die sekundäre Arthrose resultiert aus angeborenen Gelenkveränderungen sowie erworbenen Verletzungen und bestimmten Stoffwechselerkrankungen.

Um Gelenkerkrankungen möglichst früh zu erkennen und effektiv behandeln zu können, ist bei allen Arten von (länger anhaltenden) Gelenkbeschwerden ein Arztbesuch erforderlich. Bevor eine Therapie eingeleitet wird, muss in jedem Fall eine genaue Diagnose gestellt und Ursachenforschung betrieben werden.

Mögliche Ursachen einer Arthrose

- Überbelastung (z. B. Leistungssport)
- Fehlbelastung (z. B. Beruf)
- Übergewicht
- Bewegungsmangel
- Stress
- Genussgifte
- Erbliche Faktoren
- Unfälle, Verletzungen, Knochenbrüche
- Stoffwechselstörungen (z. B. Rheuma)
- Angeborene Gelenkveränderungen

Symptome einer Arthrose

Typisch ist die sich oft über Jahre hinziehende Anlaufphase. Zur mechanischen Zerstörung der Gelenkknorpeloberfläche kommt es, wenn ein Missverhältnis zwischen Belastung und Belastbarkeit der Gelenkfläche vorliegt. Mit der Zeit verliert der Gelenkknorpel seine Stoßdämpferfunktion.

- Abrieb der Knorpelflächen
- Schrumpfen der Gelenkkapseln
- Verkürzung der Bänder
- Schrumpfen der umliegenden Muskulatur

CHECKLISTE ARTHROSE

- Entzündung der Gelenkinnenhaut
- Schwellung
- Schmerz
- Abschilferung der Gelenkflächen (schlimmstenfalls Gelenkversteifung)

Behandlung einer Arthrose

Mit Hilfe der zur Verfügung stehenden Palette physikalischer Behandlungsmöglichkeiten lässt sich der Krankheitsprozess verlangsamen und mildern. Meist bringt erst die konzentrierte Anwendung mehrerer Therapieformen den gewünschten Erfolg.

Die Maßnahmen im Einzelnen

- Wärmetherapie (z. B. Moor, Fango, Bestrahlung)
- Kältetherapie (zur Abschwellung bei aktivierter Arthrose)
- Elektrotherapie (mit niederfrequentem Reizstrom)
- Handmassage
- Unterwasserdruckstrahlmassage (bei starken Verspannungen)
- Bewegungstherapie (Krankengymnastik)
- Ergotherapie
- Manuelle Therapie (Chiropraktik, Akupunktur und Akupressur)
- Bäderanwendung und Wickel
- Medikamente
- Gemäßigtes Fitnesstraining
- Schwimmen und andere gelenkschonende Sportarten
- Richtige Ernährung
- Psychosomatische Therapie (z. B. autogenes Training, aktive Muskelentspannung)
- Neuraltherapie
- Heilpflanzen (z. B. Beinwell)
- Muskelkräftigung (z. B. gelenkschonendes Hanteltraining)
- Letztes Mittel: Operation und Gelenkersatz

Frischkornmüsli mit Hafer

Zutaten

Für 4 Personen

8 EL Haferkörner
4 TL Zitronensaft
2 EL Akazienhonig
100 ml Milch
2 Äpfel
400 g Obst nach Jahreszeit
20 g Rosinen
4 EL gemahlene Haselnusskerne

1 Hafer in einer Getreidemühle grob schroten oder beim Einkauf im Bioladen frisch mahlen lassen.

2 Hafer mit so viel Wasser verrühren, dass ein weicher Brei entsteht. Zugedeckt etwa 2 Stunden oder über Nacht quellen lassen.

3 Haferbrei mit Zitronensaft, Akazienhonig und Milch verrühren. Bei Bedarf noch etwas Wasser zugeben. Äpfel waschen, vom Kerngehäuse befreien, grob raspeln und unter den Haferbrei mengen.

4 Das Obst je nach Sorte waschen oder schälen, putzen und in mundgerechte Stücke schneiden. Mit den Rosinen unter das Müsli rühren. Müsli auf vier Schalen verteilen, mit je 1 EL gemahlenen Nüssen bestreuen und servieren.

Zubereitungszeit 20 Minuten
Quellzeit 2 Stunden
Pro Portion 1100 kJ • 262 kcal • 6 g Eiweiß • 9 g Fett • 38 g Kohlenhydrate • 72 mg Vitamin C • 43 ng Vitamin D • 3 mg Vitamin E • 99 mg Kalzium

Dinkelsprossen-Müsli

Zutaten

Für 4 Personen

10 EL Dinkelsprossen
4 EL zarte Haferflocken
200 g Magerquark
100 ml Milch
4 EL Jogurt
4 EL Ahornsirup
4 EL gehackte Walnusskerne
2 Äpfel
4 TL Zitronensaft
1 Banane
1 großer Pfirsich (oder eine andere Frucht)

1 Sprossen in einem Sieb kalt waschen und gut abtropfen lassen. Haferflocken mit Quark, Milch, Jogurt, Ahornsirup und Nüssen verrühren.

2 Äpfel waschen, vom Kernhaus befreien und grob reiben. Sofort mit Zitronensaft beträufeln und unter den Quarkbrei mengen.

3 Banane schälen und in Scheiben schneiden. Pfirsich waschen, nach Belieben häuten und entsteinen. Das Fruchtfleisch würfeln.

4 Banane, Pfirsich und Sprossen unter den Quarkbrei heben. In vier Schüsseln füllen und frisch servieren.

Zubereitungszeit 15 Minuten
Pro Portion 1390 kJ • 331 kcal • 13 g Eiweiß • 9 g Fett • 49 g Kohlenhydrate • 17 mg Vitamin C • 25 ng Vitamin D • 2 mg Vitamin E • 144 mg Kalzium

Jogurt-Ananas-Müsli

1 Jogurt mit Vanillepulver in einer großen Schüssel cremig rühren.

2 Ananasscheiben von Schale und Strunk befreien und in mundgerechte Stücke schneiden. Bananen schälen und in Scheiben schneiden. Sofort mit etwas Zitronensaft beträufeln.

3 Das Obst mit dem Jogurt vermischen. Cashewkerne grob hacken und unterrühren.

4 Das Müsli auf vier Schüsseln verteilen. Je 1 EL Weizenkeime als Rand darauf streuen. Jede Portion mit 1 EL Agavendicksaft beträufeln. Nach Wunsch mit Knuspermüsli servieren.

Tipp Agavendicksaft ist ein heller Sirup, neutral im Geschmack. Er besteht zu 90–93 % aus Fruchtzucker, was ihn auch für Diabetiker interessant macht. Er besitzt eine wesentlich höhere Süßkraft als Zucker.

Zubereitungszeit 15 Minuten
Pro Portion 1268 kJ • 302 kcal • 10 g Eiweiß • 6 g Fett • 50 g Kohlenhydrate • 38 mg Vitamin C • 45 ng Vitamin D • 3 mg Vitamin E • 234 mg Kalzium

Zutaten

Für 4 Personen

600 g Jogurt (1,5 %)
1 Msp. gemahlene Vanille (Reformhaus)
4 dicke Scheiben frische Ananas
2 große Bananen
Etwas Zitronensaft
3 EL Cashewkerne
4 EL Weizenkeime
4 EL Agavendicksaft

Vitamingehalte werden in Milligramm (mg), Mikrogramm (µg) und Nanogramm (ng) angegeben.

Frühlingssuppe mit Huhn

Zutaten

Für 4 Personen

10 getrocknete Spitzmorcheln
250 g grüner Spargel
5 Frühlingszwiebeln
200 g frischer Blattspinat
200 g Hühnerbrust
2 junge Möhren
¾ l Gemüsebrühe (Instant)
100 g Vollkornnudeln oder -spätzle
1 TL Butter
1 TL Olivenöl
2 EL Limettensaft
Kräutersalz
Pfeffer aus der Mühle

1 Morcheln 6 Stunden einweichen, abspülen und abtropfen lassen. Das Einweichwasser filtern. Spargel waschen und die Enden in 5 cm lange Stücke teilen. Frühlingszwiebeln und Spinat waschen. Frühlingszwiebeln in Ringe schneiden. Hühnerbrust waschen und in Streifen schneiden. Möhren schälen und raspeln.

2 Brühe mit Morchelwasser aufkochen, Nudeln und Morcheln zugeben und Nudeln bissfest garen. 5 Minuten vor Ende der Garzeit Spargel zugeben.

3 Butter und Öl in einer Pfanne erhitzen, Hühnerbruststreifen und Möhrenraspel zugeben, mit Limettensaft beträufeln und etwa 2 Minuten rundum braten.

4 Hühnerfleisch und Gemüse zur Suppe geben und alles erhitzen. Mit Salz und Pfeffer würzen.

Zubereitungszeit 40 Minuten
Quellzeit 6 Stunden
Pro Portion 995 kJ • 237 kcal • 19 g Eiweiß • 7 g Fett • 23 g Kohlenhydrate • 56,4 mg Vitamin C • 903 ng Vitamin D • 2,97 mg Vitamin E • 154 mg Kalzium

Oft findet man Spitzmorcheln in Gartenbeeten, die vorher gemulcht wurden.

Fischsuppe mit Fenchel

1 Filet waschen, trockentupfen und in Stücke schneiden; mit Zitronensaft beträufeln.
2 ½ l Wasser mit Wein und Fischabfällen aufkochen und köcheln lassen.
3 Das Gemüse waschen und grob zerkleinern. Mit Pfefferkörnern und Petersilie zum Fischsud geben. 30 Minuten leicht köcheln lassen.
4 Fond abseihen, mit Salz und Pfeffer abschmecken. Fenchel waschen und in feine Streifen schneiden. Das Fenchelgrün fein hacken.
5 Fenchel im Fond 10–15 Minuten garen. Filet zugeben und 5 Minuten ziehen lassen. Mit Fenchelgrün und Croutons bestreut servieren.

Zubereitungszeit 1 Stunde
Pro Portion 693 kJ • 165 kcal • 28 g Eiweiß • 3 g Fett • 5,58 g Kohlenhydrate • 28,3 mg Vitamin C • 4,61 µg Vitamin D • 2,09 mg Vitamin E • 82,7 mg Kalzium

Zutaten

Für 4 Personen

- 500 g gemischtes Fischfilet
- 1 EL Zitronensaft
- 200 ml trockener Weißwein
- 250 g Fischabfälle
- 2 Schalotten
- 3 Frühlingszwiebeln
- 1 mittelgroße Petersilienwurzel
- 8 weiße Pfefferkörner
- 1 Bund glatte Petersilie
- Kräutersalz
- Pfeffer aus der Mühle
- 1 Knolle Fenchel
- Croutons

Tomatensuppe mit Krabben

1 Tomaten überbrühen, häuten und in Stücke schneiden. Suppengrün putzen, waschen und würfeln. Zwiebel und Knoblauch fein hacken. Kräuter zusammenbinden.
2 Das Öl in einem Topf erhitzen, Suppengrün darin anbraten. Zwiebel und Knoblauch kurz mitbraten. Tomaten und Kräuter zugeben und zugedeckt 30 Minuten dünsten. Kräuter entfernen.
3 Gemüsebrühe zugießen, saure Sahne einrühren und Suppe pürieren. Nochmals kurz erhitzen. Schnittlauch waschen und in Röllchen schneiden.
4 Krabben einlegen und ziehen lassen. Mit Salz, Pfeffer und Zucker würzen, mit Schnittlauch bestreuen.

Zubereitungszeit 1 Stunde
Pro Portion 1042 kJ • 248 kcal • 12 g Eiweiß • 13 g Fett • 19 g Kohlenhydrate • 135 mg Vitamin C • 375 ng Vitamin D • 6,17 mg Vitamin E • 188 mg Kalzium

Zutaten

Für 4 Personen

- 2 kg reife Tomaten
- 2 Bund Suppengrün
- 1 Gemüsezwiebel
- 1–2 Knoblauchzehen
- 3 Zweiglein Thymian
- 1 Zweiglein Rosmarin
- 1 ½ EL Olivenöl
- ½ l Gemüsebrühe (Instant)
- 100 g saure Sahne
- 1 Bund Schnittlauch
- 100 g Krabben
- Kräutersalz
- Pfeffer aus der Mühle
- 1 Prise Zucker

Lachs aus dem Wok

Zutaten

Für 4 Personen

1 Stück frischer Ingwer
2 Knoblauchzehen
1 Bund Frühlingszwiebeln
600 g grüner Spargel
400 g Lachsfilet
6 EL Rapsöl
Kräutersalz
Pfeffer aus der Mühle
10 cl Sherry
3 EL Sojasauce

1 Ingwer schälen, Knoblauch abziehen, beides in kleine Würfel schneiden. Frühlingszwiebeln putzen, waschen und in feine Ringe schneiden. Spargel waschen, Enden abschneiden und Stangen schräg in 2 cm lange Stücke schneiden. Lachs waschen, trockentupfen und in 1 cm große Würfel schneiden.

2 3 EL Öl im Wok erhitzen, Lachs 1 Minute rührbraten, herausnehmen. Restliches Öl zugeben, Ingwer, Knoblauch und Frühlingszwiebeln unter Rühren anbraten.

3 Spargel zugeben und 8 Minuten unter Rühren braten. Salzen, pfeffern und mit Sherry und Sojasauce ablöschen, Lachs zugeben, erwärmen und servieren.

Zubereitungszeit 30 Minuten
Pro Portion 1520 kJ • 362 kcal • 23 g Eiweiß • 25 g Fett • 5 g Kohlenhydrate • 32 mg Vitamin C • 16,3 µg Vitamin D • 9,44 mg Vitamin E • 75 mg Kalzium

Gegrillte Heringe

Zutaten

Für 4 Personen

8 küchenfertige Heringe
1 unbehandelte Zitrone
1 Bund Thymian
1 Bund Petersilie
4 Knoblauchzehen
5–6 EL Olivenöl
Kräutersalz
Pfeffer aus der Mühle

1 Den Grill vorheizen. Heringe kalt abspülen, trockentupfen. Zitrone waschen, abtrocknen und Schale fein abreiben. Zitrone in dünne Scheiben schneiden, die Scheiben halbieren.

2 Thymian und Petersilie waschen und Blättchen fein hacken. Knoblauch fein würfeln. Zitronenschale, Thymian, Petersilie und Knoblauch mit dem Öl verrühren. Marinade salzen und pfeffern.

3 Heringe rundum mit der Marinade einstreichen und mit Zitronenscheiben füllen.

4 In Alu-Grillpfannen legen und beidseitig je 8–12 Minuten grillen, dabei mit restlicher Marinade bestreichen.

Zubereitungszeit 30 Minuten
Pro Portion 1995 kJ • 475 kcal • 50 g Eiweiß • 29 g Fett • 3 g Kohlenhydrate • 23,2 mg Vitamin C • 21,5 µg Vitamin D • 4,42 mg Vitamin E • 179 mg Kalzium

Die indische Gewürzmischung Garam Masala gibt diesem Gericht die besondere Note.

Lachscurry

1 Reis nach Packungsangabe garen. Zwiebel und Knoblauch abziehen und fein hacken. Ingwer schälen und in Würfel schneiden. Chilischote von Kernen befreien und klein hacken.

2 Lachsfilet waschen, trockentupfen, in ½ cm große Würfel schneiden, mit den Garnelen in eine Schüssel geben und mit Salz, Pfeffer und Zitronensaft würzen.

3 Öl erhitzen. Zwiebel, Knoblauch, Ingwer und Chili andünsten. Mit Gelbwurz und Curry bestäuben, mit Kokosmilch aufgießen, zum Kochen bringen, salzen und pfeffern. Hitze reduzieren.

4 Lachs-Garnelen-Mischung einlegen, in 5–7 Minuten gar ziehen lassen. Die Butter erhitzen, Garam Masala einrühren und den Duftreis darin schwenken. Reis auf Tellern anrichten, Lachscurry darüber geben und mit Koriander bestreuen.

Zubereitungszeit 35 Minuten
Pro Portion 1743 kJ • 415 kcal • 20 g Eiweiß • 16 g Fett • 47 g Kohlenhydrate • 3,8 mg Vitamin C • 12,3 µg Vitamin D • 3,74 mg Vitamin E • 57,2 mg Kalzium

Zutaten

Für 4 Personen

200 g Duftreis
Salz
1 Zwiebel
2 Knoblauchzehen
1 Stück frischer Ingwer
1 frische rote Chilischote
300 g Lachsfilet
50 g geschälte Garnelen
Pfeffer aus der Mühle
Saft von ½ Zitrone
2 EL Rapsöl
1–2 TL gemahlene Gelbwurz
1 Msp. Curry
½ l Kokosmilch
½ TL Garam Masala
1 EL Butter
Korianderblättchen

Die Mango verleiht der Pute exotisches Flair.

Putenschnitzel in Mangosauce

Zutaten

Für 4 Personen

1 reife Mango
4 Putenschnitzel
Salz
Weißer Pfeffer aus der Mühle
2 EL Rapsöl
1 TL abgeriebene, unbehandelte Zitronenschale
½ TL fein geriebener frischer Ingwer
200 ml Hühnerbrühe
½ Bund Korianderkraut (Asienladen)

1 Mango schälen, Fruchtfleisch in Spalten vom Kern schneiden. Schnitzel waschen, trockentupfen, salzen und pfeffern.

2 Öl in einer Pfanne erhitzen, Schnitzel beidseitig kurz anbraten. Mango, Gewürze und Hühnerbrühe zugeben, aufkochen und zugedeckt bei mittlerer Hitze 3–4 Minuten schmoren.

3 Schnitzel aus der Pfanne nehmen und warm stellen. Sauce einkochen lassen, nochmals mit Salz und Pfeffer abschmecken.

4 Koriander waschen und Blättchen hacken. Schnitzel auf vorgewärmten Tellern anrichten, mit der Sauce überziehen und locker mit dem Korianderkraut garnieren.

Zubereitungszeit 35 Minuten
Pro Portion 1176 kJ • 280 kcal • 34 g Eiweiß • 11 g Fett • 12 g Kohlenhydrate • 38,8 mg Vitamin C • 12,5 ng Vitamin D • 3,52 mg Vitamin E • 42,7 mg Kalzium

Putenschnitzel mit Tomaten

1 Schnitzel kalt abspülen und trockentupfen. Tomaten überbrühen, häuten und in Stücke schneiden. Zwiebeln und Knoblauch abziehen und würfeln.

2 2 EL Öl erhitzen, Schnitzel beidseitig anbraten. Mit Salz und Pfeffer würzen und aus der Pfanne nehmen.

3 Restliches Öl in die Pfanne geben, Zwiebel und Knoblauch darin glasig braten. Tomaten, Wein und Tomatenmark zugeben, mit Salz, Pfeffer und Oregano würzen, zugedeckt 5 Minuten köcheln lassen, dabei umrühren. Basilikum waschen, trockentupfen und Blätter in feine Streifen schneiden.

4 Schnitzel in die Tomatensauce legen, zugedeckt 5–7 Minuten garen. Mit Basilikum bestreut anrichten.

Zubereitungszeit 30 Minuten
Pro Portion 1449 kJ • 345 kcal • 40 g Eiweiß • 14 g Fett • 11 g Kohlenhydrate • 68,5 mg Vitamin C • 15 ng Vitamin D • 5,4 mg Vitamin E • 82,7 mg Kalzium

Zutaten

Für 4 Personen

4 Putenschnitzel
1 kg reife Tomaten
2 Zwiebeln
2 Knoblauchzehen
4 EL Olivenöl
Kräutersalz
Pfeffer aus der Mühle
100 ml trockener Rotwein
2 EL Tomatenmark
½ TL Oregano
½ Bund Basilikum

Kalbsschnitzel mit Salbei

1 Schnitzel waschen und trockentupfen, vorsichtig flachklopfen. Salbei waschen und trockentupfen.

2 Öl erhitzen, Salbei darin 1 Minute braten, herausnehmen und beiseite legen. Schnitzel in der Pfanne beidseitig je 2 Minuten anbraten, salzen und pfeffern.

3 Fleisch auf einer Platte mit je einem Salbeiblatt anrichten und warm stellen.

4 Bratenfond mit Weißwein und 1 EL Wasser ablöschen, kurz köcheln lassen, mit etwas Zitronensaft abschmecken und über den Schnitzeln verteilen.

Zubereitungszeit 25 Minuten
Pro Portion 697 kJ • 166 kcal • 28 g Eiweiß • 5 g Fett • 1 g Kohlenhydrate • 1,06 mg Vitamin C • 678 µg Vitamin E • 15,5 mg Kalzium

Zutaten

Für 4 Personen

8 dünne Kalbsschnitzel
3 EL Olivenöl
8 frische Salbeiblättchen
Kräutersalz
Pfeffer aus der Mühle
4 EL Weißwein
Etwas Zitronensaft

Lammspieße

Zutaten

Für 4 Personen

4 Lammfilets
2 EL Olivenöl
2 TL Limettensaft
Salz
Pfeffer aus der Mühle
8 Cocktailtomaten
8 kleine Lorbeerblätter
8 Schalotten
1 Knoblauchzehe
400 g Jogurt (1,5 %)
Kräutersalz
Je 1 Msp. gemahlener Koriander und Kreuzkümmel
1 Bund Schnittlauch
1 EL gehackte Petersilie
8 Holz- oder Metallspieße

1 Filets waschen, trockentupfen und halbieren. Öl mit Limettensaft, Salz und Pfeffer verrühren und über die Filets verteilen. Den Ofengrill vorheizen.
2 Tomaten waschen, Lorbeerblätter auf der Herdplatte etwas anrösten, Schalotten waschen. Knoblauch pressen.
3 Jogurt mit Kräutersalz, Pfeffer, Knoblauch und Gewürzen verrühren. Schnittlauch in feine Röllchen schneiden und mit der Petersilie unter den Jogurt rühren.
4 Auf Spieße je ein Filet stecken, ein Lorbeerblatt und 1 Cocktailtomate auf die Enden schieben. Schalotten mit Schale 5 Minuten grillen. Spieße beidseitig je 2 Minuten grillen. Mit Schalotten und Jogurtsauce servieren.

Zubereitungszeit 30 Minuten
Marinierzeit 15 Minuten
Pro Portion 1444 kJ • 344 kcal • 48 g Eiweiß • 14 g Fett • 7 g Kohlenhydrate • 15,4 mg Vitamin C • 30 ng Vitamin D • 1,42 mg Vitamin E • 186 mg Kalzium

Knoblauchhähnchen

Zutaten

Für 4 Personen

1 Hähnchen
4 EL Olivenöl
4 Knoblauchzehen
1 frische rote Chilischote
1 Bund glatte Petersilie
⅛ l trockener Weißwein
Kräutersalz
Pfeffer aus der Mühle

1 Fleisch kalt abspülen und trockentupfen. In etwa 8 Stücke teilen und enthäuten.
2 Öl erhitzen. Hähnchen darin goldbraun anbraten.
3 Knoblauch abziehen, in Scheiben schneiden. Chili aufschneiden und entkernen.
4 Fleisch herausnehmen. Knoblauch und Chilischote andünsten. Fleisch wieder dazugeben. Bei geringer Hitze 5–10 Minuten schmoren.
5 Petersilie hacken und zum Hähnchen geben. Wein angießen, salzen und pfeffern. Weitere 20–30 Minuten schmoren, dabei die Pfanne fast zudecken.

Zubereitungszeit 1 Stunde
Pro Portion 2654 kJ • 632 kcal • 60 g Eiweiß • 41 g Fett • 2 g Kohlenhydrate • 4,82 mg Vitamin C • 30 ng Vitamin D • 1,74 mg Vitamin E • 48,6 mg Kalzium

Putenrouladen

1 3 EL Sojasauce mit Honig mischen. Fleisch waschen, trockentupfen und einseitig mit Marinade bestreichen.
2 Lauch waschen und in Ringe schneiden. Sprossen abspülen und abtropfen lassen. 1 EL Sojaöl in der Pfanne erhitzen, Knoblauch dazupressen und kurz anbraten. Nüsse, Lauch und Sprossen zugeben. Mit Sojasauce und Pfeffer abschmecken.
3 Auf jede Fleischscheibe etwas Gemüse geben. Fleisch zusammenrollen, mit Zahnstochern fixieren und mit Speisestärke bestäuben.
4 Rouladen im Öl rundum anbraten. Mit Brühe aufgießen und 50 Minuten schmoren lassen. Übriges Gemüse nochmals kurz erhitzen, Rouladen darauf anrichten.

Zubereitungszeit 1 Stunde und 20 Minuten

Pro Portion 1386 kJ • 330 kcal • 31 g Eiweiß • 19 g Fett • 9 g Kohlenhydrate • 9,95 mg Vitamin C • 85 ng Vitamin D • 4,38 mg Vitamin E • 57,9 mg Kalzium

Zutaten

Für 4 Personen

4–5 EL Sojasauce
1 EL flüssiger Honig
4 dünne Scheiben Putenbrust
1 Stange Lauch
4 EL Sojasprossen
3 EL Sojaöl
2 Knoblauchzehen
60 g gehackte ungesalzene Erdnusskerne
Pfeffer aus der Mühle
2 TL Speisestärke
¼ l Gemüsebrühe (Instant)

Hackfleischspieße

1 Fleisch in eine Schüssel geben. Eine Zwiebel und Knoblauch abziehen, fein hacken und untermengen. Masse zweimal durch den Fleischwolf drehen.
2 Restliche Zwiebel abziehen, in dünne Scheiben schneiden. Mit Sumak und 1 Prise Salz vermengen, zugedeckt kalt stellen.
3 Fleisch mit Ei, Salz, Gewürzen und Paniermehl zu Teig kneten, zu 4 Rollen formen und aufspießen.
4 Rollen mit Öl einstreichen und von jeder Seite 7–8 Minuten grillen. Mit den Zwiebelringen garnieren.

Zubereitungszeit 40 Minuten

Pro Portion 1382 kJ • 329 kcal • 28 g Eiweiß • 22 g Fett • 7 g Kohlenhydrate • 2,77 mg Vitamin C • 0,44 µg Vitamin D • 1,15 mg Vitamin E • 35,6 mg Kalzium

Zutaten

Für 4 Personen

500 g Rinderhackfleisch
2 Zwiebeln
2 Knoblauchzehen
1 TL Sumak
Salz
1 kleines Ei
Pfeffer
Je ½ TL gemahlener Kreuzkümmel, Koriander, Zimtpulver
1 Prise Cayennepfeffer
2 EL Paniermehl
Etwas Olivenöl
4 Spieße

Zutaten

Für 4 Personen

4 mittelgroße Kartoffeln
1 große Möhre
1 Zucchini
2 Zwiebeln
2 kleine Petersilienwurzeln
1 kleine Pastinake
2 TL frischer Thymian
Pfeffer aus der Mühle
Kräutersalz
Olivenöl zum Braten

Vegetarische Gerichte sind gesund – nicht nur für Arthrosepatienten.

Kartoffelrösti

1 Kartoffeln und Gemüse waschen, Kartoffeln und Wurzelgemüse schälen, Zwiebeln abziehen, Zucchini putzen. Alles auf der Rohkostreibe grob raspeln. Mit Thymian, Pfeffer und Kräutersalz abschmecken.

2 Olivenöl in einer Pfanne erhitzen. Aus der Kartoffel-Gemüse-Masse flache, dünne, mittelgroße Rösti formen und beidseitig goldbraun und knusprig braten. Mit einer Gemüsebeilage und frischem Salat servieren.

Tipp Für einen Orangen-Schikoree-Salat, der sich gut als Beilage eignet, brauchen Sie 2 bis 3 klein geschnittene Schikoreestauden, 2 geraspelte Möhren und das filetierte Fruchtfleisch von 4 Blutorangen. Alle Zutaten mit einem Dressing aus 6 EL Jogurt, 2 EL Öl, etwas Honig, einer Prise Cayennepfeffer, Salz und etwas frisch gepressten Orangensaft vermischen.

Zubereitungszeit 35 Minuten

Pro Portion 483 kJ • 115 kcal • 4 g Eiweiß • 2 g Fett • 20 g Kohlenhydrate • 35,8 mg Vitamin C • 906 µg Vitamin E • 57,5 mg Kalzium

Tomatenpasta mit Rucola

1 Rucola waschen, Blätter in 1 cm breite Streifen schneiden. Tomaten überbrühen, häuten und würfeln.
2 Zwiebeln und Knoblauch abziehen und würfeln. Halbe Menge Oliven entsteinen und in Streifen schneiden.
3 Öl in einer Pfanne erhitzen, Zwiebeln glasig braten. Knoblauch, Tomaten und Olivenstreifen zugeben und anbraten. Mit Essig und Wein ablöschen, salzen und pfeffern. Zugedeckt 30 Minuten köcheln lassen. Am Ende der Garzeit Rucola unterrühren.
4 In einem Topf Salzwasser aufkochen. Penne nach Packungsangabe garen, abgießen und abtropfen lassen.
5 Penne mit der Sauce vermengen und in Tellern anrichten. Mit restlichen Oliven garnieren. Geriebenen Käse dazu reichen.

Zubereitungszeit 1 Stunde 5 Minuten
Pro Portion 2121 kJ • 505 kcal • 18 g Eiweiß • 11 g Fett • 79 g Kohlenhydrate • 68,8 mg Vitamin C • 52,5 ng Vitamin D • 3,54 mg Vitamin E • 181 mg Kalzium

Zutaten

Für 4 Personen

100 g Rucola
1 kg reife Tomaten
2 Zwiebeln
2 Knoblauchzehen
1 Handvoll schwarze Oliven
2 EL Olivenöl
2 TL Balsamico-Essig
100 ml trockener Rotwein
Salz
Pfeffer aus der Mühle
400 g Vollkorn-Penne
Geriebener Käse

Spagetti mit Pistazien-Pesto

1 Basilikum grob zerkleinern. Knoblauch abziehen und fein würfeln. Pistazien grob hacken, Parmesan reiben. Mit etwas Salz zu einer Paste verreiben.
2 Paste in eine Schüssel geben und mit Öl und Parmesan zu cremiger Konsistenz verrühren.
3 Spagetti nach Packungsangabe in Salzwasser mit 1 EL Olivenöl bissfest kochen. In ein Sieb abgießen.
4 Spagetti in einer Schüssel mit dem Pesto vermengen und mit Käse servieren.

Zubereitungszeit 25 Minuten
Pro Portion 1537 kJ • 366 kcal • 8 g Eiweiß • 35 g Fett • 7 g Kohlenhydrate • 2,49 mg Vitamin C • 57,7 ng Vitamin D • 3,67 mg Vitamin E • 201 mg Kalzium

Zutaten

Für 4 Personen

1 großer Bund Basilikum
4 Knoblauchzehen
50 g geröstete gesalzene Pistazienkerne
Salz
100 ml Olivenöl
50 g Parmesan
450 g Vollkorn-Spagetti
1 EL Olivenöl
Geriebener Käse zum Bestreuen

Gebratene Austernpilze

Zutaten

Für 4 Personen

500 g Austernpilze
2 Knoblauchzehen
½ Bund Petersilie
2–3 EL Olivenöl
Salz
Pfeffer aus der Mühle
Saft von ½ Zitrone

1 Pilze voneinander trennen, putzen, kalt abspülen und trockentupfen. Große Pilze längs in Streifen teilen.

2 Knoblauch abziehen und in hauchdünne Scheiben schneiden. Petersilie waschen, trockenschütteln und Blättchen fein hacken.

3 Öl in einer Pfanne erhitzen, Pilze darin zugedeckt 2 Minuten braten, wenden und bei offener Pfanne 3–5 Minuten unter Wenden braten. Es soll die gesamte Flüssigkeit verdampfen. Mit Salz und Pfeffer würzen und auf Tellern anrichten.

4 Knoblauch mit Zitronensaft in die Pfanne geben, 1 Minute dünsten und die Mischung über die Pilze geben. Mit Petersilie bestreut servieren.

Zubereitungszeit 30 Minuten
Pro Portion 1743 kJ • 415 kcal • 12 g Eiweiß • 37 g Fett • 9 g Kohlenhydrate • 43,7 mg Vitamin C • 7,75 µg Vitamin D • 5,27 mg Vitamin E • 76,3 mg Kalzium

Bruschetta

Zutaten

Für 4 Personen

8 reife Tomaten
4 Knoblauchzehen
8 Scheiben Bauernbrot
4 EL Olivenöl
Salz
Pfeffer aus der Mühle
Basilikum zum Garnieren

1 Ofengrill vorheizen. Tomaten überbrühen, häuten, vom Stielansatz befreien und würfeln. Tomaten aus der Dose gut abtropfen lassen und mit einer Gabel zerdrücken.

2 Knoblauch abziehen, durch die Presse drücken und mit dem Olivenöl in einer kleinen Schüssel verrühren.

3 Brote im Ofen unter dem Grill beidseitig goldbraun rösten. Herausnehmen, mit Knoblauchöl bestreichen und Tomaten darauf verteilen. Salzen, pfeffern und mit Basilikum garniert servieren.

Tipp Zur Abwechslung einige schwarze Oliven und Mozzarellawürfel zusätzlich auf den Broten verteilen.

Zubereitungszeit 30 Minuten
Pro Portion 1277 kJ • 304 kcal • 7 g Eiweiß • 13 g Fett • 39 g Kohlenhydrate • 37,7 mg Vitamin C • 3,59 mg Vitamin E • 41,9 mg Kalzium

Knackige Sprossen liefern viele wertvolle Nährstoffe.

Bunter Reissalat

1 Naturreis in Hühnerbrühe aufkochen, dann bei schwacher Hitze zugedeckt nach Packungsangabe ausquellen lassen.

2 Feldsalat, Rucola und Löwenzahn waschen und Blätter grob zerkleinern. Radieschen putzen, waschen und in dünne Scheiben schneiden. Möhre schälen und in Stifte schneiden. Mango schälen, Fruchtfleisch in Spalten vom Kern schneiden und würfeln. Frühlingszwiebeln waschen und in Ringe schneiden. Alfalfa-Sprossen abspülen und abtropfen lassen.

3 Vorbereitete Zutaten mit dem abgekühlten Reis in einer Schüssel mischen.

4 Für die Marinade beide Öle, Essig, Salz, Pfeffer und Senf verrühren. Unter den Salat mengen. Mit Sonnenblumenkernen bestreuen.

Zubereitungszeit 1 Stunde
Pro Portion 1461 kJ • 348 kcal • 9 g Eiweiß • 25 g Fett • 22 g Kohlenhydrate • 13,5 mg Vitamin C • 4,31 mg Vitamin E • 59,5 mg Kalzium

Zutaten

Für 4 Personen

100 g Langkorn-Naturreis
¼ l Hühnerbrühe
50 g Feldsalat
1 Bund Rucola
1 Handvoll Löwenzahnblätter
5 Radieschen
1 Möhre
1 reife Mango
2 Frühlingszwiebeln
1 ½ Tassen Alfalfa-Sprossen
4 EL Walnussöl
2 EL Rapsöl
3 EL Himbeeressig
Kräutersalz
Weißer Pfeffer
1 Msp. scharfer Senf
1 EL geröstete Sonnenblumenkerne

Gut gekühlt ist das frische Obst mit Jogurt eine herrliche Erfrischung an Sommertagen.

Obstsalat mit Vanillejogurt

Zutaten

Für 4 Personen

1 Pfirsich
2 Aprikosen
Saft von 1 Zitrone
2 Bananen
200 g kernlose Trauben
2 Kiwis
200 g Pflaumen
200 g Himbeeren
300 ml Orangensaft
3 EL Agavendicksaft (siehe Seite 125)
200 g Jogurt (3,5 %)
1 EL Akazienhonig
½ Vanilleschote
2 EL Mandelblättchen
Minzeblättchen

1 Pfirsich und Aprikosen waschen, halbieren, entsteinen und würfeln; mit Zitronensaft vermengen. Banane schälen, schräg in Scheiben schneiden und mit dem Obst vermischen.

2 Trauben waschen. Kiwis schälen, halbieren und in Scheiben schneiden. Pflaumen waschen, entsteinen und würfeln. Zerkleinerte Früchte sowie verlesene Himbeeren vermengen.

3 Orangensaft mit Agavendicksaft verrühren und über den Obstsalat gießen.

4 Jogurt mit Honig verrühren. Vanilleschote aufschneiden, das Mark herausschaben und mit dem Jogurt verrühren. Mandeln in einer Pfanne goldgelb rösten.

5 Salat in Schälchen verteilen. Jogurt überziehen, mit Mandelblättchen und Minze garnieren.

Zubereitungszeit 35 Minuten

Pro Portion 1793 kJ • 427 kcal • 8 g Eiweiß • 11 g Fett • 69,9 g Kohlenhydrate • 71,3 mg Vitamin C • 30 ng Vitamin D • 6,12 mg Vitamin E • 196 mg Kalzium

Gefrorener Erdbeerjogurt

1 Erdbeeren waschen, vier Stück beiseite legen. Restliche Erdbeeren entstielen und in Stücke schneiden. Mit Marsala oder Sirup, Vanillinzucker und Zitronensaft vermischen und abgedeckt 15 Minuten ziehen lassen.
2 Mandelblättchen in einer kleinen Pfanne ohne Fett goldgelb rösten, abkühlen lassen. Ganze Mandeln grob hacken und mit den Erdbeeren im Mixer fein pürieren.
3 Jogurt und Ahornsirup unterrühren und mit einem Hauch Kardamom würzen.
4 Sahne steif schlagen, unter die Erdbeermasse ziehen, in eine Metallschüssel füllen und unter gelegentlichem Rühren 2 Stunden frosten.
5 Gefrorenen Jogurt in Gläsern anrichten, mit den Mandeln und je 1 Erdbeere garnieren.

Zubereitungszeit 30 Minuten
Gefrierzeit 2 Stunden
Pro Portion 1147 kJ • 273 kcal • 7 g Eiweiß • 17 g Fett • 22 g Kohlenhydrate • 109 mg Vitamin C • 0,29 µg Vitamin D • 4,41 mg Vitamin E • 172 mg Kalzium

Zutaten

Für 4 Personen

500 g reife Erdbeeren
2 EL Marsala oder Erdbeersirup
2 Päckchen Vanillinzucker
1 TL Zitronensaft
2 EL Mandelblättchen
40 g gehäutete Mandeln
400 g Jogurt (1,5 %)
2 EL Ahornsirup
1 Msp. gemahlener Kardamom
100 ml Sahne

Mangocarpaccio

1 Sesam in einer Pfanne trocken rösten, bis er duftet.
2 Mangos schälen und längs der flachen Kernseiten in dünne Scheiben schneiden.
3 Tahin (Sesampaste ohne Salz, aus geschältem Sesam) mit Vanillemark verrühren, mit Milch glatt rühren und Schlagsahne unterziehen.
4 Mangoscheiben auf vier Desserttellern anrichten, Sesamschaum darauf verteilen, mit Ahornsirup beträufeln und mit geröstetem Sesam bestreuen. Frisch servieren.

Zubereitungszeit 20 Minuten
Pro Portion 1231 kJ • 293 kcal • 5 g Eiweiß • 16 g Fett • 32 g Kohlenhydrate • 67,5 mg Vitamin C • 281 ng Vitamin D • 2,5 mg Vitamin E • 143 mg Kalzium

Zutaten

Für 4 Personen

2 EL geschälte Sesamsamen
2 reife Mangos
2 EL Tahin
1 Msp. Vanillemark
5 EL Milch (1,5 %)
4 EL steif geschlagene Sahne
2 EL Ahornsirup

Anhang

Bei Problemen mit Arthrose oder arthrotischen Erscheinungen an einem Gelenk wenden Sie sich an eine dieser Adressen. Hier bekommen Sie Rat, Hilfe und Tipps oder Adressen anderer Erkrankter zum Erfahrungsaustausch.

Adressen

Hilfe, auch bei sozialrechtlichen Fragen, bekommt man bei folgenden Verbänden, über deren hier aufgeführte Hauptgeschäftsstellen Sie die für Sie zuständigen regionalen Adressen erfragen können:

Deutsche Arthrose-Hilfe e.V.
Postfach 110 551, 60040 Frankfurt
www.arthrose.de

Deutsche Rheuma-Liga e.V.
Maximilianstr. 14, 53111 Bonn
Tel.: 02 28/76 60 60
www.rheuma-liga.de

Deutsche Schmerzhilfe e.V.
Sietwende 20, 21720 Grünendeich
www.schmerzhilfe.de

Sozialverband VdK Deutschland e.V.
Wurzerstr. 4a, 53175 Bonn
Tel.: 02 28/82 09 30
www.vdk.de

Einen Antrag auf Feststellung einer Behinderung stellt man bei dem jeweiligen Versorgungsamt/Amt für Versorgung und Familienförderung, das für den Wohnort zuständig ist. Dort kann auch der Antrag angefordert werden. Die Versorgungsämter befinden sich in der Regel in der Stadt, in der sich der Regierungssitz des betreffenden Bundeslandes befindet.

Über den Autor

Dr. med. Christoph Schidlo studierte Humanmedizin in Freiburg und München. Seine ersten praktischen Sporen verdiente er sich in der Unfallchirurgie. Danach arbeitete er in der Orthopädischen Universitätsklinik München, wo er u. a. die Rheuma-Sprechstunde betreute. Seine umfangreiche Fachkenntnis bezog er aus seiner wissenschaftlichen Tätigkeit in der Arthroseforschung sowie aus seiner Tätigkeit als Facharzt für Orthopädie in der Nähe von München. Dr. Christoph Schidlo verstarb 2004.

Koautorin der Rezepte (S. 124–139) ist Dipl. oec. troph. Dagmar Fronius-Gaier.

Haftungsausschluss

Die Inhalte dieses Buches sind sorgfältig recherchiert und erarbeitet worden. Dennoch können weder der Autor bzw. dessen Erben noch der Verlag für die Angaben in diesem Buch eine Haftung übernehmen.

Bildnachweis

Studio E. A. Arnold Debus, München: 75, 78, 82; Fotodesign Helga Florian, Weiden: 125, 126, 129, 130, 134, 137, 138; MEV Verlag GmbH, Augsburg: 2, 107, 112; Bildarchiv OKAPIA KG, Berlin: 8 (CNRI), 39 (NAS/BILL, Longcore); PhotoPress Bildagentur GmbH, München: 50 (Herdt), 60 (Gerhard); Studio für Illustration und Fotografie Sascha Wuillemet, München: 9, 46, 65, 97; ZEFA Zentrale Farbbildagentur GmbH, Frankfurt: 4 (Sharpshooters, S. Kleinmann), 5 o. (Görlich), 5 u. (Hackenberg), 16 (Sharpshooters, G. Contorakes), 21 (Keller), 23 (Voigt), 28 (Sharpshooters, G. Huglin), 32 (Sharpshooters, R. Miller), 37 (W. H. Mueller), 42 (G. Baden), 56 (Boesch), 62 (Index-Stock, C. St. John), 67 (Gruenefeld), 71 (RGN), 85 (Majewski), 86 (Rossi), 88 (CPA), 90 (Flury), 100 (Keller), 115 (Mallaun), 121 (Index-Stock, C. Henderson); Titelbild: Bilderberg Archiv der Fotografen, Hamburg: U1 (Nomi Baumgartl), U4: MAURITIUS Die Bildagentur GmbH, Mittenwald (Nonstock)

Literatur

Jessel, Christian: Aktiv gegen Arthrose. Vorbeugende und schonende Übungen für schmerzfreie Gelenke. © BLV Verlag. München 2004

Rümelin, Alexander: Kursbuch Arthrose. Gelenkerkrankungen effektiv vorbeugen und typgerecht behandeln. © Südwest Verlag. München 2003

Thomann, Klaus D.: Wirksame Hilfe bei Arthrose. Wie Sie selbst mit einfachen Mitteln Schmerzen lindern. Beweglich bleiben durch kleine Übungen zwischendurch. Wie Ihr Arzt den Gelenkverschleiß untersucht. © MVS Medizinverlage. Stuttgart 3. Auflage 2003

Impressum

Weltbild Buchverlag
Erweiterte und überarbeitete Neuausgabe

Redaktion: Martina Reichel/Dr. Horst Leisering
Umschlag: X-Design, München
Layout: Christine Paxmann, München
DTP/Satz: satz & repro Grieb, München; Lydia Koch, Augsburg
Illustrationen: Studio für Illustration und Fotografie Sascha Wuillemet, München
Druck und Bindung: Offizin Andersen Nexö Leipzig GmbH, Spengleralle 26–30, 04442 Zwenkau
Reproduktion: Repro-Mayr, Donauwörth

Gedruckt auf chlorfrei gebleichtem Papier

Printed in Germany

ISBN 3-89897-237-2

Register